JUVENTUDE NEGRA na EJA: o direito à DIFERENÇA

Natalino Neves da Silva

JUVENTUDE NEGRA na EJA: o direito à DIFERENÇA

MAZZA
edições

Capa: Túlio Oliveira

Revisão: Renata Passos

Projeto Gráfico e diagramação: Anderson Luizes

Obra atualizada conforme o
Acordo Ortográfico da Língua Portuguesa.

S586j Silva, Natalino Neves da.
Juventude Negra na EJA : o direito à diferença / Natalino Neves da Silva. – Belo Horizonte : Mazza Edições, 2010.
184 p. ; 14 x 21 cm.

ISBN: 978-85-7160-512-1

1. Educação. 2. Educação – Jovens e Adultos. I.Titulo

CDD: 374
CDU: 37

MAZZA EDIÇÕES LTDA.
Rua Bragança, 101 | Pompeia
30280-410 | Belo Horizonte | MG
Telefax: [31] 3481 0591
edmazza@uai.com.br | www.mazzaedicoes.com.br

AGRADECIMENTOS

Agradeço a Deus, energia suprema do universo.

À minha mãe, Francisca, por sempre acreditar nos seus filhos e compartilhar os momentos tristes e alegres da minha trajetória.

Ao meu pai, Jair, pela eterna crença em todos os meus projetos de vida.

Ao meu irmão, Edson, pela presença que se traduz no estímulo por acreditar nos meus sonhos.

Ao meu primo, Cleber, que caminha junto comigo e vibra no seu mais íntimo a cada conquista que alcanço.

Aos orientadores, professora-doutora Nilma Lino Gomes e professor-doutor Juarez Tarcísio Dayrell, pois os momentos que passamos juntos realmente contribuíram para a minha formação como pesquisador e, sobretudo, na formação de uma pessoa que valoriza os princípios éticos de justiça e da ação coletiva.

Aos inúmeros amigos e amigas. Justo, para agradecê-los, seria nomeá-los. Como não é possível, registro de forma geral: Ana, Agnaldo, Agostinha, Alisson, Carla, Carol, Carolina Mafra, Dani, Fernanda, Fernandinha, Jairza, Levindo, Matheus, Rodrigo, Rose, Rosângela, Simone, Sílvia, Tiago, Wanderley e Wades. Pessoas que se fizeram presentes nos momentos de ausência e souberam viver o momento da presença com a intensidade na medida certa.

A toda equipe do Programa Ações Afirmativas na UFMG e do Observatório da Juventude da UFMG, pela sempre generosa acolhida. Aos funcionários da biblioteca e da secretaria do Programa de Pós-graduação da Faculdade de Educação da UFMG, pela parceria e cumplicidade.

À professora-doutora Maria Amélia Gomes de Castro Giovanetti e ao professor-doutor Luiz Alberto Oliveira Gonçalves, por aceitarem compartilhar os seus saberes de forma a contribuir significativamente com este trabalho.

Aos professores-doutores Geraldo Magela Pereira Leão e José Eustáquio de Brito, por se colocarem prontamente à minha inteira disposição.

À Fundação Ford, por meio do Programa Internacional de Bolsas de Pós-graduação, garantindo todo o subsídio financeiro e intelectual necessários para uma formação de qualidade.

À equipe da Fundação Carlos Chagas – Fúlvia Rosemberg, Maria Luisa, Márcia Caxeta, Marli Ribeiro, Meire Lungaretti e Raquel Ribeiro – pelo apoio, pelos esclarecimentos e pelo companheirismo.

Aos professores Analise Silva, Ana Galvão, Adair Junior, Inês Teixeira, Leôncio Soares e Dener Silva, dentre outros, pelos questionamentos, pelas referências e pela contribuição na finalização deste trabalho.

À equipe de professoras, direção, coordenadoras e todos/as os/as funcionários/as da escola pesquisada, pela disponibilidade com que acolheram a mim e à pesquisa. Os momentos vividos na Educação de Jovens e Adultos constituíram-se em mais um aprendizado. Às vezes, ao conversar com os/as professores/as, jovens e adultos/as, percebia que os sujeitos, à sua maneira, no seu tempo e na sua forma apresentaram uma perspectiva bastante similar – a tentativa de construção de um futuro individual e/ou social melhor.

Aos jovens de maneira geral e, em específico, aos/às jovens negros/as que me permitiram conhecê-los mais de perto através do cotidiano escolar. A juventude tem o poder de nos renovar e, nesse sentido, o contato com esses/as jovens foi uma renovação: sonhar é possível, mesmo diante das diferentes adversidades sociais, raciais e econômicas vividas por eles/as no cotidiano.

Se sonhar ainda é possível, continuo sonhando com um país que valorize as diferenças, não somente através do discurso mas que na escola e na sociedade possa ser possível viver a diversidade de forma plena.

A educação não tem como objeto real armar o cidadão para uma guerra, a da competição com os demais. Sua finalidade, cada vez menos buscada e menos atingida, é a de formar gente capaz de se situar corretamente no mundo e de influir para que se aperfeiçoe a sociedade humana como um todo. A educação feita mercadoria reproduz e amplia as desigualdades, sem extirpar as mazelas da ignorância. Educação apenas para a produção setorial, educação apenas profissional, educação apenas consumista, cria, afinal, gente deseducada para a vida.

Milton Santos

ELEMENTOS ILUSTRATIVOS

LISTA DE ILUSTRAÇÕES

LISTA DE TABELAS

SUMÁRIO

APRESENTAÇÃO

É com muito prazer que escrevo a apresentação do segundo livro publicado pelo pesquisador Natalino Neves da Silva. O primeiro, publicado também pela Mazza Edições, intitula-se *Afinal, todos são iguais?* e apresenta os resultados da monografia de conclusão de curso do autor, realizada na Faculdade de Educação da UFMG e agraciada com o reconhecimento acadêmico científico no prêmio Melhor Tese de Licenciatura Sobre Educação de Jovens e Adultos 2006, concedido pelo Centro de Cooperação Regional para a Educação de Adultos na América Latina e Caribe (CREFAL), com sede no México. Um dos pontos relevantes deste estudo é a discussão sobre as relações raciais no contexto das práticas pedagógicas de uma escola pública, que oferta a modalidade EJA e como estas atravessam o cotidiano da escola, a relação entre docentes e estudantes e o conhecimento.

Os contatos mais sistemáticos enquanto pesquisador com o campo da EJA e com os avanços e limites vivenciados por aqueles que atuam nessa modalidade de ensino levaram o pesquisador a formular outra questão de investigação apresentada ao mestrado em educação da FAE/UFMG, que teve como foco a juventude negra na EJA. O presente livro apresenta aos leitores e leitoras os resultados dessa segunda pesquisa, fruto da sua dissertação, que ora vem a público.

A trajetória acadêmica e profissional do professor e pesquisador Natalino Neves da Silva merece destaque e muito me orgulha. Integrante do Programa Ações Afirmativas na UFMG desde o seu início como bolsista de extensão, a sua seriedade, compromisso e dedicação sempre foram as principais marcas do seu percurso. É possível dizer que Natalino, assim como outros jovens negros da UFMG, que passaram (ou que atuam nesse momento) nos diferentes projetos de ensino, pesquisa e extensão desenvolvidos pelo Programa Ações Afirmativas na UFMG, atestam a importância e o sucesso do investimento no fortalecimento acadêmico de jovens negros desde a graduação.

O potencial, a competência e a garra para continuar seus estudos e se tornarem excelentes profissionais, todos esses estudantes possuem. Falta-lhes a oportunidade democrática, dentro da universidade pública, para que os mesmos tenham as mesmas condições de formação ofertadas aos outros estudantes. A princípio, essa afirmação pode nos parecer contraditória, dado o caráter público da universidade pública. Todavia, os dados oficiais e as pesquisas acadêmicas já comprovaram o que o Movimento Negro denunciava há anos: não basta que o espaço seja público. É preciso que o público se indague até que ponto ele contempla a diversidade étnico-racial presente na sociedade. E mais: qual tem sido o compromisso democrático das instituições públicas na superação das desigualdades raciais impostas historicamente ao segmento negro da população. Se à questão étnico-racial somarmos o gênero, a diversidade sexual, as questões quilombolas, do campo e das pessoas com deficiências, teremos um quadro ainda mais desafiador para a universidade e demais instituições públicas do nosso país.

Sabemos que esse quadro lentamente está mudando. Porém, ainda falta muito para que a universidade possa se concretizar em espaço de igualdade de oportunidades para todos, reconhecendo e respeitando a diversidade. Enquanto isso, programas, projetos e ações na perspectiva das ações afirmativas têm sido desenvolvidos com recursos do poder público ou não, mediante a luta política daqueles que se comprometem com a superação do racismo e formas correlatas de discriminação. O autor desse livro é mais um profissional e pesquisador que se coloca nesse campo de lutas.

A compreensão dos significados e sentidos atribuídos pelos jovens negros aos processos de escolarização vivenciados na EJA é o foco central desse livro. Esse objetivo central por si só já traz uma importante contribuição: dá visibilidade ao segmento negro e juvenil nos processos de escolarização da EJA. Além disso, a pesquisa aponta uma tensão presente no campo da EJA: a invisibilidade da questão racial nas suas práticas pedagógicas e a presença maciça de jovens e adultos negros no seu interior. São homens e mulheres com trajetórias escolares e de vida marcadas não somente pelos processos de exclusão da escola regular, mas, também, pela experiência de ser negro (a), pobre, morador (a) da periferia. Claro que essa realidade não é um bloco homogêneo e que o público da EJA é também diverso racialmente, socialmente e geograficamente. Porém, os estudos revelam que há uma predominância do perfil anteriormente citado.

Será que estamos atentos a essa questão? As práticas de EJA, ao considerarem os sujeitos, dão destaque às dimensões étnico-raciais e de gênero? Como? Os núcleos de pesquisa de EJA, nas universidades, produzem conhecimento que possa nos ajudar a entender melhor essas relações? São questões que este livro suscita.

Mas há também referências positivas quando refletimos sobre Juventude, EJA e Relações Raciais. Há um sentido de luta e de resistência expresso na vida desses sujeitos. Há a descontração e a irreverência juvenil que se chocam com o mundo adulto e com os padrões de disciplina escolar. Há culturas juvenis, de matrizes afro-brasileiras que circulam no cotidiano da escola. Há códigos juvenis, afro-brasileiros e da periferia que transitam, se encontram e dão outros sentidos e significados ao conhecimento. Toda essa riqueza ainda precisa ser mais explorada nos projetos pedagógicos e nas políticas públicas de EJA. E é dela que este livro também trata.

Ao ouvir os (as) jovens estudantes negros (as) da EJA, Natalino Neves da Silva produz um conhecimento não distanciado. E ao publicarmos suas falas, seus desejos e suas opiniões sobre os processos de escolarização desenvolvidos nesta modalidade de ensino, poderemos contribuir um pouco mais na superação do racismo e na construção da nossa tão sonhada e reiterada escola democrática. Poderemos, também, de fato, ajudar na construção pedagógica da educação das relações étnico-raciais.

E é o autor e pesquisador Natalino Neves da Silva que nos diz: "a pesquisa conclui que, além dos sentidos visíveis atribuídos à escolarização da EJA, outros significados e sentidos que ainda encontram-se 'invisíveis' nas práticas educativas dessa modalidade de ensino se revelam. Estes outros significados e sentidos referem-se às relações educativas entre docentes e discentes, às implicações de 'ser jovem' negro (a) na sociedade brasileira, e ao sentimento de se encontrar 'fora do lugar' na EJA, na sociedade e na escola. Tal situação pode ser considerada comum quando refletimos sobre os jovens pobres que participam de processos de escolarização da EJA, mas, no caso dos (as) negros (as), é acrescida da vivência e da percepção, por vezes ambígua, da sua condição racial."

O desafio está colocado. Não cabe mais ao campo da educação de maneira geral, e da EJA em específico, argumentar que não foram alertados.

Nilma Lino Gomes
Professora da FAE/UFMG.
Coordenadora-geral do Programa
Ações Afirmativas na UFMG

INTRODUÇÃO

> Os profetas são aqueles ou aquelas que se molham de tal forma nas águas da sua cultura e da sua história, que conhecem o seu aqui e o seu agora, por isso, podem prever o amanhã que eles, mais do que adivinham, realizam.
>
> *Paulo Freire*

Esta pesquisa insere-se na articulação entre Educação de Jovens e Adultos (EJA), Juventude e Relações Raciais. O trabalho tem como foco o cotidiano escolar de jovens negros/as da EJA em uma escola municipal de Belo Horizonte. Nesse contexto buscou-se compreender alguns dos significados e sentidos atribuídos por esses sujeitos aos processos de escolarização construídos nessa modalidade de ensino.

O meu primeiro contato com o tema que deu origem a esta pesquisa ocorreu, de certa forma, anteriormente à entrada na universidade, isto é, participei ativamente dos movimentos culturais e religiosos juvenis de minha comunidade. Acredito que essa aproximação possibilitou-me refletir, mesmo que naquele momento não possuísse o conhecimento teórico da área, sobre a especificidade da vivência juvenil pobre e negra nos diferentes contextos da sociedade.

Na graduação participei, como bolsista de extensão, do projeto "Identidades e Corporeidades Negras – Oficinas Culturais", realizado pelo Programa de Ações Afirmativas na UFMG[1]. Através desta participação tive a oportunidade de realizar um aprofundamento teórico sobre educação e relações raciais, formação continuada de professores para a diversidade étnico-racial, antropologia da educação e educação de jovens e adultos, áreas de conhecimento muitas vezes pouco abordadas nos cursos de graduação.

Além disso, no mestrado, participei da articulação "ObservAções" que congrega docentes e alunos/as da graduação e Pós-graduação da FaE e de outras unidades da UFMG na discussão da temática juventude e relações raciais. Além do Programa Ações Afirmativas na UFMG faz parte dessa articulação o Programa

[1] O Programa Ações Afirmativas na UFMG situa-se no contexto das políticas de ações afirmativas para a população negra no ensino superior. Trata-se de uma proposta de extensão que articula ações de ensino e pesquisa em torno da temática educação, cultura, políticas públicas, formação de professores e relações raciais. Sediado na Faculdade de Educação o Programa vem realizando, desde 2002, uma política de permanência destinada a jovens negros (as), principalmente os/as de baixa renda, regularmente matriculados(as) nos diversos cursos de graduação da UFMG. O trabalho estrutura-se a partir de duas linhas de ação. A primeira envolve atividades para garantir aos/às alunos/as negros/as os instrumentos necessários que possibilitem a sua formação bem-sucedida na graduação e a entrada na Pós-graduação. A segunda volta-se para o desenvolvimento da identidade étnico-racial desses jovens a partir de debates, na Universidade, acerca da questão racial na sociedade brasileira. No intuito de alcançar estes objetivos vários cursos, projetos de pesquisa e de extensão, seminários e oficinas são realizados regularmente, sendo destinados aos/às alunos(as) negros(as) bolsistas, com a possibilidade de participação da comunidade externa em algumas dessas atividades. O Projeto de Extensão Identidades e Corporeidades Negras: Oficinas Culturais constitui-se numa das frentes de atuação desse Programa.

Observatório da Juventude da UFMG, no qual venho aprofundando meus estudos sobre juventude[2].

A realização da pesquisa de conclusão do curso de Pedagogia (2007) na FaE/UFMG, que apresentou como temática a formação continuada de professores da EJA e a diversidade étnico-racial, possibilitou-me identificar um número significativo de jovens negros/as inseridos na EJA durante o trabalho de campo. Tal identificação motivou-me a indagar sobre algumas questões em torno do rejuvenescimento da EJA e da juventude negra, que serão discutidas no desenvolvimento deste trabalho.

Somada a essa trajetória é preciso destacar a minha participação, no período de 2007 a 2009, no Programa Internacional de Bolsas de Pós-graduação da Fundação Ford. A inserção nesse programa possibilitou a continuidade dos estudos em nível de mestrado e o aprofundamento da temática sobre a qual venho me debruçando desde a graduação.

A ESCOLA E OS SUJEITOS

A pesquisa foi realizada durante sete meses na escola municipal Carlos Drummond de Andrade[3]. A partir do levantamen-

[2] O Programa Observatório da Juventude da UFMG realiza ações de ensino, pesquisa e extensão por meio de atividades de investigação, levantamento e disseminação de informações sobre a situação dos jovens de Belo Horizonte e região metropolitana, além de promover a capacitação de jovens, de educadores da educação básica e estudantes da graduação interessados na problemática juvenil. Orienta-se por quatro eixos centrais que delimitam a sua ação institucional: a condição juvenil, políticas públicas e ações sociais, práticas culturais e ações coletivas da juventude na cidade e construção de metodologias de trabalho com jovens.

[3] Este nome é fictício já que, por motivos éticos, decidimos preservar o nome real da instituição.

to de dados estatísticos na Secretaria Municipal de Educação[4] (SMED) identificamos quais eram as escolas da rede municipal que atendiam o maior número de jovens entre 15 a 24 anos inseridos nos processos de escolarização da EJA.

A escola municipal Carlos Drummond de Andrade localiza-se na região Centro-sul de Belo Horizonte (BH), que tem uma população estimada de 260.524 habitantes[5]. Esta instituição está localizada num ponto da cidade de BH em que os contrastes sociais são visíveis, ou seja, de um lado edifícios de elevado custo e, de outro, aglomerados, vilas e favelas. Podemos constatar que os/as jovens e adultos alunos/as atendidos na escola residem em diferentes bairros da região e também da grande região metropolitana de BH.

A escola trabalha, há 17 anos, exclusivamente com a modalidade de ensino de Educação de Jovens e Adultos e funciona em três turnos com aproximadamente 1.274 jovens e adultos que se encontram distribuídos da seguinte forma: 319, no turno da manhã; 299 no turno da tarde e 656 no turno da noite. A pesquisa foi realizada no turno diurno, uma vez que identificamos que a maior parte dos/das jovens alunos/as concentrava-se neste turno.

Um dos critérios para a seleção dos/as jovens alunos/as entrevistados/as, foi a concordância do/a jovem aluno/a em participar da entrevista individual. Aliás, optamos por selecionar para serem entrevistados/as somente os/as jovens alunos/as da sala de aula em que se realizaram as observações pois acreditamos que no decorrer desse período já se encontrava instituída uma relação

[4] SMED/GPLI/Estatística Escolar/Dados Preliminares do Censo Escolar 2006.

[5] Dados obtidos do Instituto Brasileiro de Geografia e Estatística – IBGE. Resultados da Amostra do Censo Demográfico 2000. Disponível em: www.pbh.gov.br/prodabel. Acesso em: 04/03/2008.

minimamente mais próxima entre o pesquisador e os/as jovens alunos/as[6].

Tentamos selecionar jovens alunos/as que apresentassem "perfis" variados de condutas, posturas e comportamentos no cotidiano da sala de aula visto que, ao nosso ver, isso contribuiria na ampliação de percepção dos sujeitos participantes da pesquisa. Houve uma delimitação da faixa etária compreendida entre 15-24 anos de idade[7]. Os sujeitos da pesquisa são 6 jovens negros. Destes, 3 são mulheres e 3 são homens que se autodeclararam pretos ou pardos no questionário aplicado na escola. Dessa forma, buscou-se trabalhar de acordo com as categorias raça/cor adotadas pelo Instituto Brasileiro de Geografia e Estatísticas (IBGE). Portanto, ao nos referirmos à categoria "negro" no decorrer desta pesquisa estamos indicando tanto os pretos quanto os pardos[8]. Consideramos que a elaboração de tais critérios nos ajudou a compreender o perfil do/a jovem aluno/a da EJA, e facilitou nossa aproximação dos possíveis jovens alunos/as negros/as que nos interessava escutar.

---

[6] Todos os entrevistados, assim como a direção e a coordenação da escola assinaram o termo de consentimento livre e esclarecido para participação na pesquisa.

[7] Não se trata de reduzir a definição da juventude a critérios simplesmente demográficos, mas de reconhecer que estes mesmos critérios são importantes e úteis na delimitação inicial do campo de estudos. Vale a pena reiterar que, no Brasil, os poucos estudos demográficos sobre juventude são de reconhecida qualidade e importância como, por exemplo, dois trabalhos lançados no final da década de 90 sobre jovens (CNPD, 1998 e Fundação SEADE, 1998).

[8] Segundo Osório (2003) existem basicamente três métodos de identificação racial, que podem ser aplicados com variantes. O primeiro é a autoatribuição de pertença, no qual o próprio sujeito da classificação escolhe o grupo do qual se considera membro. O segundo é a heteroatribuição de pertença, no qual outra pessoa define o grupo do sujeito. O terceiro método é a identificação de grandes grupos populacionais dos quais provieram os ascendentes próximos por meio de técnicas biológicas, como a análise do DNA (OSÓRIO, 2003, p. 7-8).

Além disso, os sujeitos desta pesquisa não estão necessariamente vinculados a movimentos sociais, culturais, estudantis e políticos. Essa escolha foi intencional pois, de certo modo, o/a jovem negro/a que se insere em movimentos como Hip Hop, Movimento Negro e Movimento Estudantil enuncia um discurso de militância carregado da politização necessária para a sua atuação. Para este trabalho, porém, escolhi e escutei jovens mulheres e homens que constroem seu fazer cotidiano em outros espaços, por meio de outras referências que não somente as da militância ou da atuação em grupos culturais.

A observação iniciou-se no final do ano letivo de 2007, com o alunado bastante ansioso com o término das aulas. A vice-diretora fez questão de me apresentar a toda a escola, às coordenadoras pedagógicas e a parte do professorado. Quando entrei na sala de aula alguns alunos/as adultos e jovens acreditavam que eu era um aluno novato. Percebi uma determinada desconfiança e desconforto por parte, principalmente, de alguns jovens quando realizava a anotação no meu caderno de campo. Aos poucos fui entendendo que tratando-se de um adulto pesquisador aqueles jovens acreditavam que minhas anotações serviriam para delatar-los junto à direção. A permanência em campo e a explicitação da pesquisa conseguiram, aos poucos, superar essa primeira impressão.

Nesse sentido, ficou claro para nós, mas de certa forma ainda pouco evidente para alguns profissionais da educação da escola, que os tempos de formação escolar não são os mesmos dos tempos de formação humana, ou seja, acredita-se que o rejuvenescimento da EJA implica em pensar novas formas de organização da temporalidade que, na escola em questão, consiste nos tempos de aprendizagem e das relações intergeracionais.

> Durante a aula de português percebo que alguns/mas jovens alunos/as demonstram bastante curiosidade com os

> temas que estão sendo discutidos, principalmente quando lhe são apresentados exemplos que dizem respeito direta ou indiretamente à sua realidade de vida. A cada instante durante a aula uma novidade, um exemplo e uma experiência vivida tanto pelo alunado jovem quanto pelo adulto surge, o que possibilita uma interação de relações que são estabelecidas entre os/as jovens e adultos com a professora (Diário de campo, 19/02/2008).

Entretanto, alguns professores/as e/ou profissionais da educação da escola faziam uma intervenção segundo a qual "vocês agora já são adultos..., aqui não tem criança não", diante de determinados comportamentos indisciplinados por parte de alguns jovens. O que pude verificar é que, em geral, esse discurso tinha pouca eficácia na conduta disciplinar dos/as mesmos/as. Além disso, em algumas conversas informais e nos depoimentos obtidos na entrevista identificamos que um número considerável de jovens sente-se "fora do lugar" na EJA. O processo de apropriação da escolarização da EJA dar-se-á, para esses/as jovens, somente como um tempo de passagem cujo principal objetivo é a certificação – esse espaço destina-se, na realidade, somente ao alunado adulto.

Em geral, sobretudo o jovem é visto como "perturbador" também por alguns/mas alunos adultos, ou seja, de novembro de 2007 a junho de 2008, raríssimos foram os momentos em que estes sujeitos consideraram importante estudar juntamente com o estudante jovem. A partir da constatação de uma relação intergeracional pouco amistosa indagamo-nos, ao longo deste trabalho: afinal, a EJA é uma Educação de Jovens e Adultos ou Educação de Adultos? Sem a pretensão de responder a uma questão tão complexa, a pesquisa aponta que o investimento na "relação educativa" surge como uma forma possível para a superação desse impasse, de tal maneira que o termo "relação" aparece praticamente em todos os depoimentos dos/as jovens como integrante dos significados e sentidos atribuídos à escolarização da EJA.

"Relação" permeada pela questão intergeracional, pelos vínculos de amizades, familiares e educacionais estabelecidos entre docente e discente e entre discente e discente, pelo imaginário social do "ser jovem" e do "ser jovem negro", dentre outros. A esse respeito, o investimento de aproximação, de escuta, de conversas informais, de trocas de confidências com esses/as jovens foi constituído a partir da "relação". Não se trata de afirmar a construção de uma relação íntima, uma vez que naquele momento para eles e elas eu era o adulto, o pedagogo, o pesquisador. Entretanto, a relação colocou-nos, a mim e a alguns/as dos/as jovens envolvidos/as, bem à vontade. Acreditamos, diante disso, que o investimento na relação educativa pode ser capaz de possibilitar a superação do sentimento do "fora do lugar" de alguns sujeitos que hoje se encontram na EJA, sobretudo os jovens.

PERCEPÇÕES JUVENIS DA IDENTIDADE NEGRA NA EJA

Conforme já foi dito, optamos por entrevistar jovens que não se encontravam necessariamente vinculados a movimentos sociais. Obter o relato desses sujeitos acerca da pertença identitária negra consistiu em mais um dos desafios de realização desta pesquisa. Em geral percebemos, a partir dos depoimentos, a tensão e as ambiguidades que os/as jovens enfrentam na relação entre classificação de raça/cor e o processo de construção da sua identidade étnico-racial, ou seja, a identidade negra em nossa sociedade constrói-se no movimento de rejeição/aceitação do ser negro (GOMES, 2002).

A pesquisa revelou-nos, portanto, a dificuldade dos/as jovens em elaborar o processo identitário étnico-racial inseridos no contexto social complexo que ainda hoje apresenta como tendência legitimar o padrão social eurocêntrico[9], o que implica na imposição de valores identitários que não correspondem ao perfil de crianças, jovens e adultos oriundos da população negra, dificultando, com isso, a elaboração afirmativa de sua autoestima e de sua pertença identitária étnico-racial.

A compreensão da identidade na sua forma plena remete-nos ao sentimento de pertencimento, pois a ideia de pertencimento nos auxilia a pensarmos a identidade na perspectiva da pluralidade e dos processos de reestruturações identitárias que ocorrem na nossa relação com os outros e que nos permitem construir uma ideia singular de nós mesmos (FIGUEIREDO, 2007, p. 169).

Claude Dubar (2005) entende que a identidade é o resultado simultaneamente estável e provisório, individual e coletivo, subjetivo e objetivo, biográfico e estrutural, dos diversos processos de socialização que, em conjunto, constroem os indivíduos e definem as instituições. Constatou-se, dessa forma, que a percepção identitária negra dos sujeitos da pesquisa dá-se, sobretudo, através do referencial familiar. Além disso, tendo em vista o grau de confiança nas relações grupais de amizades e nas instituições sociais como a escola, o emprego e os relacionamentos afetivos, dentre outros, tais campos contribuem, também, para a construção da identidade.

O reconhecimento de que a escola exerce um papel fundamental no processo de percepção da identidade negra esteve presente

---

[9] A esse respeito conferir os estudos desenvolvidos por CAVALLEIRO (2000), FAZZI (2004), SANTOS (2001) entre outros.

nos relatos de todos/as jovens entrevistados/as. Além disso, eles/as distinguem entre "ser jovem" branco ou negro, sobretudo a partir de algumas implicações da vivência de "ser jovem" negro/a no interior da sociedade brasileira, como a condição socioeconômica, os preconceitos sociais e raciais e as mais diversas "situações" limite que este/a jovem negro/a morador de periferia dos grandes centros urbanos vivência cotidianamente.

Aliás, os significados e sentidos abordados aqui se baseiam nas reflexões desenvolvidas por José Machado Pais[10] (2007) quando nos diz que a concepção do **significado** se encontra posto no campo simbólico (os signos, a linguagem, a cultura, etc.), em contrapartida o **sentido** consiste na atribuição valorizativa ou não qualitativa realizada pelo *sujeito* ao **significado** num determinado tempo e espaço sócio-histórico contextual.

O CAMINHO PERCORRIDO

Por se tratar de um estudo que procura entender o rejuvenescimento da EJA através das falas dos/as jovens alunos/as e das relações sociais, optamos pela pesquisa qualitativa de tipo etnográfico. A relevância específica da pesquisa qualitativa para o estudo das relações sociais deve-se ao fato da pluralização das esferas da vida (FLICK, 2004, p. 17). A observação participante, as entrevistas semi-estruturadas e a coleta de dados por meio de aplicação de questionário foram as principais técnicas utilizadas.

De acordo com Marli André (1995), uma importante contribuição da etnografia para a pesquisa das situações escolares decorre da atitude aberta e flexível que deve manter o pesquisador durante a coleta e a análise dos dados, o que lhe permite detectar

[10] Seminário proferido na Faculdade de Educação da UFMG, 15/10/2007.

ângulos novos do problema estudado. Nesse sentido, através da abordagem etnográfica podemos estabelecer uma maior aproximação do universo sociocultural dos sujeitos investigados, possibilitando-nos a compreensão e o esclarecimento da temática em questão.

A observação sistemática e cotidiana na escola, de segunda a sexta-feira, durante todas as aulas, garantiu fontes de informações valiosas para esta pesquisa. Às vezes, quando por um ou outro motivo não tinha disponibilidade para observar os jovens e adultos, logo no dia seguinte eles já me questionavam: "por que você sumiu"? Nesse sentido, concordo com VIANNA (2007, p. 33) quando nos diz que o observador, como participante no evento, não é apenas um pesquisador. Ele próprio é sujeito da pesquisa. Assim, seus sentimentos e emoções constituem também dados.

Dessa forma, aproximar-se dos/as jovens com vista a garantir a sua participação na pesquisa consistiu no processo de construção de confiança ao longo de sete meses de observação na escola. Ao entrevistá-los, um dos desafios foi fazer com que a situação de entrevista fosse agradável para ambas as partes e que, de certa forma, não oprimisse o sujeito interlocutor. A esse respeito, busquei reduzir ao máximo "a violência simbólica que se pode exercer [...] [e] instaurar uma relação de escuta ativa e metódica, tão afastada da pura não-intervenção da entrevista não dirigida, quanto do dirigismo do questionário" (BOURDIEU, 1997, p. 695).

As entrevistas foram realizadas no lugar escolhido pelo sujeito, sendo que apenas um/a dos/as jovens entrevistados/as preferiu ser entrevistado/a fora do espaço escolar. As demais entrevistas ocorreram na escola após o horário das aulas. Num primeiro momento era perceptível o constrangimento dos/as jovens diante do gravador. Passados alguns minutos iniciais de "conversa" já se sentiam mais à vontade. Uma vez desligado o gravador alguns/mas jovens afirmaram que me relataram mais coisas do que podiam contar. Nessa direção, aliás, concordamos que a entrevista semi-estruturada possibilita-nos introduzir outros questionamentos que surgem no momento de realização da mesma e, assim, interagir com o nosso sujeito interlocutor (LAVILLE; DIONNE, 1999).

Percebi que em alguns momentos as entrevistas serviram, de certa forma, como uma possibilidade dos/as jovens entrevistados/as refletirem sobre a trajetória de escolarização na EJA. Além disso, considero que esse momento foi propício para se pensar acerca do "ser jovem", em torno de sua afrodescendência, de suas expectativas e projetos de vida. A esse respeito, o objetivo de uma entrevista deve ser revelar as fontes fundamentais para a compreensão social, mais do que pretender que elas possam ser aniquiladas por um entrevistador desumanizado "sem um rosto que exprima sentimentos" (THOMPSON, 1992, p. 258).

Assim que as fitas gravadas iam sendo transcritas, do total de aproximadamente 90 laudas, entreguei uma cópia do material para cada entrevistado e me coloquei à disposição para esclarecimentos acerca de possíveis dúvidas: o objetivo era saber se a transcrição condizia com as manifestações dos/as depoentes. A nosso ver, é um direito do/a entrevistado/a ter acesso ao seu relato antes e depois da produção do trabalho.

Como resultado dessa iniciativa nenhum/a dos/as jovens entrevistados/as fez alterações no texto entregue e mostraram-se surpresos com o número de páginas transcritas, chegando a questionar entre eles/as quem falou mais e qual depoimento correspondeu ao maior número de páginas transcritas. Cabe ressaltar que a análise textual das entrevistas deu-se através da técnica de análise do conteúdo que, de acordo com Maria Laura

> assenta-se nos pressupostos de uma concepção crítica e dinâmica da linguagem. Linguagem, entendida como uma construção real de toda a sociedade e como expressão da existência humana que, em diferentes momentos históricos, elabora e desenvolve representações sociais no dinamismo interacional que se estabelece entre linguagem, pensamento e ação (FRANCO, 2003, p.14).

Em contato com a direção soubemos que a escola não conhecia o número de jovens que se encontravam no turno diurno. Pensamos, inicialmente, em realizar o levantamento do perfil dos/das jovens e adultos alunos/as somente na sala de aula observada. No entanto, uma vez que a escola não possuía os dados sobre o perfil do alunado da EJA deste turno, optamos por ampliar o levantamento a todos os estudantes do diurno. Acreditamos, com isso, que o objeto em estudo é o fator determinante para a escolha de um método e não o contrário (FLICK, 2004).

Na tentativa de articular as duas formas de fazer pesquisa, ou seja, qualitativa e quantitativa, utilizamos também a aplicação de questionário para a obtenção do perfil do alunado inserido nessa modalidade de ensino, bem como a sua autodeclaração de raça/cor. Os dados foram analisados através do software Statistical Package for the Social Sciences (SPSS) e o resultado obtido consistiu em uma amostragem por conveniência significativa a partir de um total de 205 questionários respondidos. Portanto, além da análise qualitativa por meio da realização de entrevistas semi-estruturadas com um grupo de 6 jovens autoclassificados como pretos e pardos, a pesquisa contou, ainda, com a análise quantitativa a partir das informações obtidas no questionário aplicado no turno diurno da escola.

Tendo em vista o cuidado na elaboração do questionário para a coleta dos dados, buscamos, antes da aplicação do mesmo, realizar um pré-teste com 3 jovens alunas de diferentes escolas da rede municipal com a finalidade de identificarmos possíveis limites do instrumento (BARBETTA, 2007).

Ao aplicar o questionário na escola ouvi comentários como "nossa, esse questionário é muito grande". Como o mesmo possuía somente duas páginas, constatei que os limites estavam mais relacionados à dificuldade de leitura e compreensão de texto do que ao tamanho e complexidade do instrumento. Sendo assim, em algumas salas vários foram os momentos em que a professora e eu tivemos que ajudar os/as alunos/as no preenchimento do mesmo.

Algo que chamou bastante a minha atenção foi que, ao formularmos o questionário, adotamos principalmente as categorias e dados de identificação convencionais utilizados pelo IBGE e outros órgãos de pesquisa que adotam este instrumento como recurso metodológico. No entanto, durante a aplicação um jovem aluno levantou o braço e me fez a seguinte pergunta: "professor, na alternativa de escolha de sexo, existem as alternativas entre masculino e feminino, entretanto, eu sinto que sou meio menininho e meia menininha. Como faço para responder essa alternativa". Tratava-se de uma pergunta séria e que merecia a nossa resposta. Sugeri, então, que ele se autodeclarasse da forma como ele se sentiria mais contemplado, escrevendo ao lado a maneira como se autopercebia. Na resposta ele preferiu marcar masculino.

Questões como essas nos levam a ponderar que a discussão em torno da juventude e a diversidade torna-se cada vez mais necessária nas práticas pedagógicas desenvolvidas pelas escolas e pela EJA, em específico. Nem sempre os pesquisadores e as pesquisadoras da juventude e da EJA, ao ressaltarem a importância do gênero como construção social, como categoria da análise e como expressão da diversidade presente também entre os jovens, ponderam que os sujeitos podem ver a si mesmos dentro de uma gama de possibilidades. Somada à questão racial essa discussão torna-se ainda mais complexa.

Após a coleta dos dados os 205 questionários foram tabulados (resultando em várias tabelas, gráficos e quadros) proporcionando-nos uma descrição mais detalhada sobre o perfil dos jovens e adultos inseridos na EJA. Assim, próximo do término da observação do cotidiano da escola tive a oportunidade de apresentar os dados obtidos acerca do perfil do alunado da EJA aos/às professores/as realizando, com isso, um debate profícuo e disponibilizando o banco de dados para a instituição.

Cabe ressaltar que, devido ao prazo de realização da pesquisa e ao enfoque acerca do rejuvenescimento ou juvenilização da EJA, os relatos diretos dos/as professores/as não foram contemplados no desenvolvimento desse trabalho. No entanto observei, ao longo do período em que estive na escola, que a relação educativa entre os/as jovens e adultos alunos/as e os seus respectivos professores/as é fundamental no processo de ensino e aprendizagem.

A ORGANIZAÇÃO DO TRABALHO

Este trabalho está organizado em três capítulos. No primeiro buscamos situar o contexto em que a escola pesquisada está inserida, a partir da sua organização de ensino e aprendizagem e a sua localização na cidade. Em seguida situamos a configuração do campo educativo da Educação de Jovens e Adultos como "direito" presente no contexto nacional e municipal de ensino para assim discutirmos a modalidade de ensino da EJA tendo como ponto de reflexão o processo de seu rejuvenescimento. Buscou-se, também, problematizar como a escola pesquisada lida com os/as jovens alunos/as que hoje estão presentes em seus processos de escolarização.

No segundo capítulo, utilizando o perfil dos jovens estudantes da escola, passamos a refletir sobre o conceito de juventude a partir da produção acadêmica sobre o tema. Adotamos a noção de "juventude negra" baseados nos resultados dos estudos realizados por órgãos oficiais e pelas pesquisas acadêmicas que apontam a pertinência da análise entre a relação raça/cor e juventude. Discutimos que a inclusão da categoria raça/cor é importante para elucidar as várias faces da discriminação, que tem sua origem ainda nos tempos coloniais, mas que assume feições específicas e particulares em função da complexidade das relações sociais modernas (SABOIA, 1998).

O terceiro capítulo consiste na apresentação mais sistemática dos resultados da pesquisa. Destacamos a discussão sobre alguns dos significados e sentidos atribuídos pelos jovens negros/as aos processos de escolarização vividos no cotidiano da EJA. Além disso, nesse cotidiano buscamos entender como são estabelecidas as relações instituídas entre docentes e discentes e discentes e discentes. A aproximação dos/as jovens envolvidos/as nesta pesquisa nos revelou que os significados e sentidos atribuídos à escolarização da EJA são permeados de expectativas e desejos que constituem as trajetórias e as histórias de vida dos/as entrevistados/as, vividas de formas diferenciadas.

Nas considerações finais destacamos que a realização deste trabalho contribuiu particularmente para o aprendizado da aproximação e escuta do público juvenil de forma geral e, em específico, dos/as jovens negros/as. Ressalta-se a importância de conseguirmos perceber alguns dos significados e sentidos da escolarização da EJA que, de forma geral, encontram-se ainda "invisíveis" como práticas educativas e, no entanto, fazem-se presentes na vida desses sujeitos. O estudo aqui realizado pretende contribuir para a articulação teórica entre EJA, juventude e questão racial, a qual pode ser considerada, nesse momento, um desafio e um campo incipiente.

CAPÍTULO

1 OS JOVENS E A EDUCAÇÃO DE JOVENS E ADULTOS: UM CAMPO DE LUTAS E MUDANÇAS

> Os meninos que ficam brincando não vêm para estudar vêm para brincar, para zoar. Ou então eles devem ter escolhido aqui por causa desse ensino de suplência para passar mais rápido, mas não estão interessados em estudar, alguns matam as aulas e o resto, quando estão dentro de sala não estudam e tem uns que não abre nem caderno, não fazem nada acho que eles estão aqui, só para ter o diploma, para completar o ensino médio, porque para estudar falar assim "eu vou estudar para mim lá na frente ter um futuro" acho que na cabeça deles não pensam isso não (Carolina[11], jovem aluna da EJA).

A ESCOLA PESQUISADA

São 07h10 da manhã e inicia-se mais um dia de aula. A maior parte dos/das alunos/as chegam à escola a pé, quase

---

[11] Por motivos éticos todos os nomes citados dos/as jovens são fictícios. Como uma forma de reconhecimento, seja intelectual, seja de luta e resistência ou mesmo de militância política negra decidimos homenagear algumas personalidades que de certa forma contribuíram para o estudo das relações raciais nos diferentes campos do conhecimento. Uma biografia sucinta de cada personalidade aqui homenageada encontra-se em anexo no final deste trabalho.

sempre em pequenos grupos, de ônibus e de moto. Os pequenos grupos distinguem-se principalmente pela faixa de idade, por se tratar de jovens e adultos. Existe uma portaria específica em que é permitida a entrada dos/as alunos/as diferentemente da entrada do público geral. É visível que, sobretudo os jovens não gostam muito de ficarem na fila, entretanto o porteiro do prédio faz o controle da entrada do elevador chegando às vezes a discutir com alguns jovens por 'furar' a fila. Assim alguns alunos preferem subir a pé mesmo a rampa até o 5º andar em que fica a escola. O uso do uniforme não é obrigatório pela escola pesquisada, embora o seja nas demais escolas que funcionam no prédio, assim o alunado da EJA diferencia-se dos demais alunos logo na entrada do prédio através de suas roupas e pela faixa etária que abrange o público da Educação de Jovens e Adultos (EJA).

Na sala de aula geralmente os/as professores/as de cada disciplina escrevem a matéria no quadro para os/as alunos/as copiarem e depois da matéria copiada ocorre um debate junto ao alunado sobre o que foi escrito e a partir daí ou cobra-se desse/a aluno/a exercícios ou são realizados trabalhos sobre determinada matéria vista. O material didático utilizado de forma geral são as apostilas através de xerografia do conteúdo disciplinar ou por meio dos livros didáticos que são emprestados pela escola para o seu manuseio durante as aulas e ao término da disciplina eles são recolhidos para serem utilizados na turma seguinte. Às vezes, as aulas são ministradas também no laboratório de informática, embora no final do ano letivo de 2007 a sua utilização foi inviabilizada devido ao sistema de informática se encontrar "fora do ar". O intervalo e as aulas de educação física geralmente são os momentos mais esperados pelos jovens. A duração de tempo de intervalo é de 30 min. O refeitório da escola

> fica no subsolo e logo após o almoço percebo que uma parte significativa de jovens alunos/as direciona-se para as quadras de esportes que se localizam do lado de fora do prédio para "trocar uma ideia" geralmente sobre os fatos ocorridos na sua vida social e pessoal, outros paqueram e escutam músicas no corredor. Já os/as adultos geralmente sobem para a sala de aula. Existe um carro de cachorro quente que fica parado em frente ao prédio da escola sendo o local preferido de sociabilidade dos/as jovens no momento de intervalo escolar. O combinado de se encontrar nesse local, sobretudo entre os/as jovens, ocorre já na sala durante as aulas "Hoje, nós vamos comer um Dog?" Observo que cada grupo de jovens é organizado por afinidade em que são realizados os combinados de sair para as baladas e/ou pelo simples fato da zoação entre eles/as. (Diário de Campo, 20/02/2008).

A descrição acima narra um dia do cotidiano da escola Municipal Carlos Drummond de Andrade, selecionada para essa pesquisa. A escolha dessa instituição deu-se a partir do levantamento de dados estatísticos na Secretaria Municipal de Educação[12] (SMED) buscando identificar e selecionar quais eram as escolas da rede municipal que atendiam o maior número de jovens na faixa etária entre 15 a 24 anos, inseridos nos processos de escolarização da EJA nas 9 regionais da Rede Municipal de Ensino de Belo Horizonte (RME-BH). Esse perfil específico deve-se ao interesse dessa pesquisa: conhecer os sujeitos da EJA que se encontram no ciclo da juventude focalizando os/as jovens alunos/as negros/as.

---

[12] SMED/GPLI/Estatística Escolar/Dados Preliminares do Censo Escolar 2006.

A escola localiza-se no bairro Santo Antônio, região Centro-Sul[13] de Belo Horizonte, funciona em 3 turnos com aproximadamente 1.274 jovens e adultos na modalidade de ensino da EJA, divididos de acordo com os seus respectivos turnos, a saber: manhã 319 alunos; tarde, 299 e noite, 656. Essa instituição trabalha há 17 anos, exclusivamente com a modalidade de ensino de Educação de Jovens e Adultos e o desenvolvimento de suas práticas pedagógicas tem sido norteado pelo Programa Escola Plural.

A pesquisa foi realizada durante sete meses, no período de novembro de 2007 a junho de 2008, no turno diurno já que o mesmo apresenta um número significativo de jovens no

---

[13] A história da região Centro-Sul mistura-se com a criação da cidade de Belo Horizonte. A região concentra o polo do comércio e serviços da cidade. Durante a década de 80 a mesma sofreu as mais intensas transformações. Atualmente, a região Centro-Sul é formada por 49 bairros, possui área territorial de 32,49 Km2 e população de 260.524 habitantes. Gerenciada pela Secretaria de Administração Regional Municipal Centro-Sul (Sarmu-CS), a região foi dividida em 13 Unidades de Planejamento (UP's: Aglomerado Santa Lúcia, Aglomerado da Serra, Anchieta/Sion, Barro Preto, Belvedere, Centro, Francisco Sales, Mangabeiras, Prudente de Morais, São Bento/Santa Lúcia, Savassi, Santo Antônio e Serra. Já os bairros, que compõem a região Centro-Sul são: Acaba Mundo, Anchieta, Ápia, Baleia, Barragem Santa Lúcia, Barro Preto, Belvedere, Boa Viagem, Cafezal, Carmo, Centro, Cidade Jardim, Comiteco, Conjunto Santa Maria, Coração de Jesus, Cruzeiro, Estrela, Fazendinha, Floresta, Funcionários, Lourdes, Luxemburgo, Mala e Cuia, Mangabeiras, Marçola, Monte São José, Nossa Senhora da Aparecida, Nossa Senhora da Conceição, Nossa Senhora de Fátima, Nossa Senhora do Rosário, Novo São Lucas, Parque das Mangabeiras, Pindura Saia, Santa Efigênia, Santa Isabel, Santa Lúcia, Santa Rita de Cássia, Santana do Cafezal, Santo Agostinho, Santo Antônio, São Bento, São Lucas, São Pedro, Savassi, Serra, Sion, Vila Bandeirantes, Vila Barragem Santa Lúcia, Vila Fumec e Vila Paris. Dados obtidos do Instituto Brasileiro de Geografia e Estatística – IBGE. Resultados da Amostra do Censo Demográfico 2000. Disponível em: www.pbh.gov.br/prodabel. Acesso em: 04/03/2008.

processo de escolarização da EJA. Nesse turno encontra-se, também, a maior parte dos/das jovens alunos/as com o perfil que se desejava investigar, a saber, os jovens negros.

A observação participante do cotidiano na sala de aula ocorreu no final do ano letivo de 2007, com a turma do ensino fundamental, sob a indicação da coordenadora pedagógica devido ao fato dessa turma apresentar, segundo a mesma, o "perfil" de jovens alunos/as que pretendia pesquisar. No início do ano letivo de 2008 as observações continuaram sendo realizadas na mesma turma, que nesta ocasião já se encontrava no ensino médio. Durante as observações percebi que o alunado da EJA atendido pela escola é bem diversificado, sobretudo no que se refere às faixas etárias, ao gênero, às pessoas com deficiência, jovens oriundos de camadas socioeconômicas favorecidas e um número significativo de jovens alunos/as que expressam livremente a sua orientação sexual.

No prédio em que está instalada a escola funcionam mais duas outras e também a Secretaria Municipal de Educação, o Conselho de Educação de Jovens e Adultos e a Biblioteca Infanto-Juvenil de Belo Horizonte. Não existem cercas ou muros no entorno do prédio. Ao contrário, verifica-se que a entrada da escola conta com uma área verde cercada por algumas árvores. Além disso, a presença do carro de cachorro quente que constantemente fica parado em frente ao prédio tornou-se o ponto de referência, principalmente dos/as jovens alunos/as. Nesse edifício já funcionou a Faculdade de Filosofia e Ciências Humanas da UFMG que foi transferida para o campus da universidade na região da Pampulha. Desde o ano de 1991 a escola Municipal Carlos Drummond de Andrade desenvolve exclusivamente o trabalho voltado à Educação de Jovens e Adultos.

As instalações físicas da escola ocupam o 5º e o 6º andar, sendo que no 5º andar encontram-se 21 salas de aula, 1 sala de coordenação pedagógica, 1 sala para os funcionários da limpeza, 2 banheiros, sendo 1 masculino e 1 feminino, 1 laboratório de ciências físicas/químicas e biológicas, 1 sala de artes, 1 cozinha e 1 sala destinada à orientadora. No 6º andar há salas para a secretaria, para a mecanografia, para o laboratório de informática, para a direção, para a biblioteca (1 sala para cada finalidade) e uma 1 sala de vídeo, 2 salas para os professores, 2 banheiros, sendo 1 masculino e 1 feminino e 1 sala de produção de material eletrônico para os professores.

Além dessas dependências a escola compartilha com as demais os seguintes espaços: 1 cantina, 1 ginásio coberto no subsolo e 4 quadras externas.

Todo o quadro técnico-administrativo e docente da escola possui curso superior. São vinte e cinco (25) funcionários, distribuídos nas funções de professores, especialistas, pessoal administrativo e serviços gerais no período diurno. Embora tenha tido o contato mais direto com os/as jovens e adultos alunos/as na sala de aula e em outros espaços percebi que existe o clima de amizade e de respeito entre os funcionários da instituição.

A escola funciona de segunda a quinta-feira pois a sexta-feira

> é destinada às atividades de aperfeiçoamento da prática do magistério. Esses estudos são feitos no horário normal do turno com a participação de todos os professores, funcionários, coordenadores, diretor e/ou vice-diretor. Às sextas-feiras, o Laboratório de Informática (LABFUST), a biblioteca e as salas de aulas estão disponíveis para os alunos que desejarem desenvolver alguma atividade pedagógica[14].

[14] Extraído do documento Projeto Político Pedagógico (PPP) da escola.

O horário das aulas é de 07h10min às 10h40min com um intervalo de 30 minutos. Como a cantina da escola fica no subsolo do prédio algo que me chamou bastante a atenção foi a presença dos jovens alunos atrelada, sob a perspectiva dos diferentes olhares, à representação de *perturbadores*[15].

Na modalidade de ensino da EJA o Ensino Fundamental é ministrado em 6 anos distribuídos em dois ciclos. O primeiro ciclo com duração de 3 anos, compreendendo a alfabetização e o aprofundamento; e o segundo, também com 3 anos de duração, compreendendo o módulo intermediário e a continuidade dos estudos. A carga horária anual é de 450 horas e a total de 2700 horas.

Já o Ensino Médio é ministrado em um ciclo com 2 anos de duração, compreendendo uma carga horária anual de 450 e uma total de 900 horas.

Práticas de ensino da EJA: a relação entre o ensinar e o aprender na escola pesquisada

As práticas de ensino desenvolvidas na escola pesquisada, em sua maioria, ocorrem por meio da transmissão de conteúdos escolares no contexto da sala de aula. Durante o período de observação participante pude verificar que existe o esforço, por parte da escola, de proporcionar aos jovens e adultos alunos/as algumas experiências para além do espaço da instituição como visitas aos

---

[15] De acordo com o Dicionário Aurélio o vocábulo perturbação expressa confusão, desordem, desarranjo, irregularidade, perplexidade, hesitação. Ou ainda sentir-se na situação de perturbado, que se perturbou, alucinado, transtornado. Perturbar também pode ser aborrecer, importunar, causar abalo no espírito, desassossegar, perder a serenidade de espírito, atarantar-se, atrapalhar-se, confundir(-se), envergonhar(-se).

museus, entre outros espaços públicos. A escola desenvolve também projetos temáticos por meio de oficinas de artesanato, dança e ofícios que são ofertadas na própria escola no horário alternado ao das aulas, principalmente para aqueles jovens e adultos alunos/as que tiverem disponibilidade de tempo de se integrarem às mesmas. Além disso percebi também o esforço, por parte dos docentes, ao incentivo à leitura por meio da disponibilidade dos principais jornais do Estado, o mural informativo e a doação e empréstimos de livros.

De forma geral, o processo de ensino ofertado pela escola apresenta as mesmas diretrizes de orientação do ensino básico regular tendo como principais diferenças o alunado compreendido por jovens e adultos, a aceleração série/idade e a organização do tempo escolar durante a semana.

As entrevistas realizadas apontam para um grau de satisfação dos/as jovens alunos/as quanto ao tipo de ensino que lhes é oferecido na modalidade EJA, sobretudo quando a comparam com as escolas de ensino fundamental do ensino regular pelas quais passaram. Essa mesma comparação abre espaço para as críticas. Destacamos dois depoimentos:

> A escola que eu estudei tratava os alunos muito mal assim, falta de educação então, eu acho que aqui a escola é melhor do que lá. Aqui o ensino também é bom, mas é mais fraquinho do que é escola estadual, municipal [o ensino regular] por causa aqui é plural, então eu acho que é pior. Assim eles pedem para os alunos fazer muitos exercícios aqui, eu já percebi, mas assim prova eu nunca vi. A gente até hoje não fez prova nenhuma (risos), não teve teste, nem trabalho, só uma professora que está dando um trabalho agora, mas prova mesmo até agora eu não vi. Eu acho que a escola tem que ter a obrigação

> de ter um ensino bom para os alunos (Lélia, jovem aluna da EJA).

> Para mim é muito bom, o ensino aqui vou falar para você, não tem outra escola igualzinho essa escola, porque aqui são oferecidos vários cursos, às vezes a escola cola o cartaz explicando sobre os cursos e a maioria das pessoas não aproveita, eu trabalho, mas se não estivesse trabalhando estaria fazendo um curso desse ai, como padeiro, eletricista, esses cursos assim sabe (Clóvis, jovem aluno da EJA).

As opiniões dos jovens acima sobre o ensino da EJA, quando comparado com as suas outras experiências escolares, reforçam o que algumas pesquisas já constataram, ou seja, os limites e tensões entre juventude e escola regular. No caso da EJA, mesmo com os limites apontados pelos jovens e outros que serão discutidos ao longo deste trabalho, pode-se notar que a especificidade da mesma na sua relação com a juventude sinaliza alguma flexibilidade. Talvez essa modalidade de ensino apresente aos jovens que nela estão inseridos aspectos de menor controle e rigidez e um espaço maior de circulação de informações ligadas ao trabalho, as quais são consideradas mais interessantes pelos jovens estudantes.

Ao ampliarmos esse panorama verificamos que o índice de satisfação sobre a qualidade do ensino oferecido pela escola é bastante positivo de acordo com a opinião dos/as jovens e adultos alunos/as do turno diurno, conforme a Tabela 1.

TABELA 1
AVALIAÇÃO DA QUALIDADE DO ENSINO DA ESCOLA PELO ALUNADO DA EJA

	Nº de alunos
Ótimo	66
Bom	92
Regular	34
Ruim	6
Total	205

Fonte: Informações retiradas de questionário aplicado no turno diurno da escola.

A EJA COMO DIREITO: A REDE MUNICIPAL DE ENSINO E O CONTEXTO NACIONAL

A escola pesquisada insere-se nas políticas e práticas de EJA implementadas pela rede municipal de ensino de Belo Horizonte. Atualmente, existe na Secretaria Municipal de Educação o Núcleo de Educação de Jovens e Adultos, com a finalidade específica de discutir a EJA e organizar a formação do professor, dentre outros aspectos ligados a essa modalidade de ensino. Mas nem sempre foi assim. Da EJA vista como medida compensatória, passando pelas lutas populares, pela alfabetização de adultos até a conquista do direito à vivência da vida adulta como um importante ciclo de formação humana foi um longo caminho percorrido. A escola municipal Carlos Drummond de Andrade, mesmo que nem todos os seus docentes, funcionários e alunos saibam ou reconheçam esse percurso, é fruto desse processo tenso.

A criação do primeiro curso regular de suplência de 1ª a 4ª série na rede municipal de ensino (RME) de Belo Horizonte ocorreu em 1971. Naquela época, o MOBRAL era a ação mais significativa no campo da Educação de Adultos no país. Ao longo das décadas de 70 e 80 a iniciativa de criação de cursos de suplência em Belo Horizonte coube, sobretudo ao Governo Estadual, destacando-se algumas poucas iniciativas desenvolvidas em escolas da rede municipal de ensino[16].

A partir da década de 90 observou-se um vigoroso processo de expansão da Educação de Jovens e Adultos na rede municipal de ensino de Belo Horizonte. As razões para esta expansão estavam ligadas à emergência dos movimentos populares durante o processo de redemocratização da sociedade e do Estado brasileiro culminando com a promulgação da Constituição Federal de 1988.

Sob inspiração dos princípios da Escola Plural[17] a EJA tem sido, ao longo dos últimos anos, objeto de discussões da Secretaria Municipal de Educação (SMED), Centro de Aperfeiçoamento dos Profissionais da Educação (CAPE) e dos profissionais da educação que atuam na RME. Cabe destacar aqui ações consideradas marcos significativos para a configuração da modalidade de ensino da EJA na RME, a saber: a Conferência Municipal de Educação em 1999, a instituição do Sistema Municipal de Educação e a criação do Conselho Municipal de Educação, instância de caráter consultivo, normativo e deliberativo.

Em 2002 houve a regulamentação da modalidade de ensino da Educação de Jovens e Adultos (EJA) nas escolas municipais de Belo Horizonte através do Conselho Municipal de Educação.

---

[16] Durante a realização da pesquisa não encontramos outras referências sobre as experiências de EJA na rede municipal na década de 80.

[17] A proposta político-pedagógica Escola Plural, apresentada em fins de 1994 pela Secretaria Municipal de Educação – SMED–BH e implantada em 1995, caracteriza-se pela diversidade e pluralidade de ações socioculturais em torno de um eixo unificador com vistas a garantir a todos uma educação pública de qualidade. Dessa maneira pauta-se na construção de uma nova ordem que se traduz na lógica de uma escola inclusiva (CASTRO, 2000, p. 31).

Por meio do Sistema Municipal de Ensino de Belo Horizonte foram credenciadas as instituições educativas para a implementação da oferta, da estrutura, da organização e do funcionamento dessa modalidade educativa.

No contexto da configuração da EJA em Belo Horizonte também se faz notar uma situação que vem se tornando cada vez mais presente e complexa: o processo de rejuvenescimento ou juvenilização da EJA. Tal fenômeno não é uma característica apenas da nossa capital. Tem sido muito comum nas narrativas de docentes que atuam na EJA nas mais diversas regiões do país o alerta, as reclamações e os conflitos causados por um público cada vez mais heterogêneo do ponto de vista geracional, com um aumento paulatino da presença de jovens, quer seja pela busca da EJA como estratégia mais rápida de conclusão do ensino fundamental, quer como resultado da exclusão implementada pelas escolas de ensino regular dos estudantes de faixa etária mais avançada do que o público infantil ou adolescente e considerados "indisciplinados" ou "indesejáveis".

A fim de corrigir estas e outras distorções sofridas pela EJA, o Conselho Nacional de Educação (CNE/CEB), por meio da relatoria de Regina Vinhaes Gracindo regulamentou[18], mediante o parecer nº. 23/2008, que até o ano de 2013 a idade mínima para a inserção de um aluno na EJA será de 18 anos. Trata-se de uma medida importante que poderá inibir as práticas excludentes de EJA que ferem o direito à educação. No entanto, por mais que seja importante a construção do preceito legal dentro de uma concepção democrática, sabemos que por si só ele não consegue

[18] O parecer foi aprovado pelo Conselho Nacional de Educação, porém, até o presente momento aguarda a homologação do Ministro da Educação Fernando Haddad.

ser atendido. Por isso, a atenção e o controle social dos processos de rejuvenescimento da EJA devem continuar sendo mantidos a fim de que os direitos sejam cumpridos.

A EJA na rede municipal de Belo Horizonte, assim como outras práticas existentes em todo o Brasil, não se construiu limitada ao contexto local. Mesmo que os sujeitos que dela participam não tenham a devida dimensão, encontra-se inserida em um campo de lutas a nível nacional e também internacional. Além disso, está inserida em um campo de preocupações políticas e estudos teóricos.

Dessa forma, a escola pesquisada e os jovens negros dos quais me aproximei inserem-se em um campo mais amplo cujos momentos fortes merecem ser retomados, sobretudo para percebermos como a lacuna da discussão da diversidade permeia a própria luta política e a constituição do campo da EJA. Assim, pode-se compreender por que o fenômeno do rejuvenescimento ou juvenilização da EJA e a questão étnico-racial tornam-se ainda mais desafiadores.

Ao passarmos em revista a história política do nosso país e os processos de constituição e configuração do direito à educação no Brasil e na América Latina podemos notar que os mesmos são marcados por uma trajetória de lutas. É nesse campo que se localiza a Educação de Jovens e Adultos. Ela faz parte da luta pelo direito ao acesso e à permanência na educação, fato que acompanha de forma tensa a história da educação brasileira.

O percurso sócio-histórico da Educação de Jovens e Adultos é marcado por enfretamentos, lutas e embates políticos e pedagógicos que, a partir da década de 60, por meio de ações populares, teve na Educação Popular a principal expressão de reivindicação por uma educação de qualidade para todos, sobretudo para os grupos sociais marcados por processos de exclusão do sistema de ensino.

Não é intenção dessa pesquisa retomar toda a trajetória da EJA no Brasil, pois essa discussão já se apresenta em uma vasta bibliografia: BEISIEGEL (1974), EUGÊNIO (2004), CARLI (2004), GALVÃO; DI PIERRO; (2007), HADDAD; DI PIERRO (2000), entre outros. No entanto, a fim de localizar um dos campos temáticos em que se encontram os sujeitos dessa investigação e os dilemas vividos por estes – os jovens negros da EJA – no desenvolver da prática escolar, optou-se por destacar alguns momentos históricos considerados marcantes na trajetória política da EJA e que revelam a configuração tensa desse campo educacional em nosso país, permeado por avanços e limites os quais se refletem, de formas diversas, nas práticas cotidianas das escolas.

O aparato legal brasileiro pode ser um exemplo de um destes momentos[19]. A Constituição de 1824 assegurou a todos os cidadãos a instrução primária gratuita. Todavia, só eram considerados cidadãos os indivíduos livres e libertos. A contemplação plena desse direito constitucional não seria possível uma vez que parte significativa da população brasileira encontrava-se fora da escola e a educação escolar não era prioridade.

Di Pierro e Galvão (2007) relatam que apesar de não se ter dados precisos para a época, o primeiro censo demográfico brasileiro, realizado em 1872, registrava um índice de analfabetismo de 80,2% entre os homens e de 88,5% entre as mulheres.

---

[19] Não é nossa intenção associar a trajetória do campo da EJA somente ao aparato burocrático-normativo e às respostas do Estado. Há, nesse trabalho, a compreensão de que a EJA tem profunda relação com as lutas sociais dos setores populares, como já foi mencionado nos parágrafos iniciais. No entanto, a leitura crítica sobre a forma como o Estado legisla sobre a EJA pode ser considerada um caminho para perceber como as tensões em torno das lutas sociais se expressam na política educacional ou sofrem uma releitura nos pelos grupos políticos que ocupam o poder.

A Constituição da República dos Estados Unidos do Brasil, proclamada em 24 de fevereiro de 1891, demarcou a mudança dos traços característicos da monarquia centralizadora, sendo inaugurado o Regime Republicano, o que levou, em tese, à ampliação dos direitos dos cidadãos através do voto.

No entanto, o que se pode verificar a partir dos documentos e registros da época é que os adultos em situação de pobreza ficaram novamente excluídos do pleno gozo de sua cidadania, uma vez que a sua condição de analfabeto não permitiria ter acesso ao voto. Isto será possível somente a partir da promulgação da Constituição da República Federativa do Brasil de 1988. De acordo com Carli (2004)

> até a década de 30, com as oligarquias no poder, as necessidades econômicas e sociais do país satisfaziam-se mediante uma educação voltada para as elites, enfatizando a função de preparação de quadros burocráticos e profissionais liberais. As classes populares encontravam-se excluídas da educação (CARLI, 2004, 50).

A autora nos diz que

> No que tange ao ensino primário, a carta de 1934 representou um grande avanço em relação à Carta anterior, pois, o direito à educação ocupou espaço e esteve vinculado ao princípio da gratuidade e da obrigatoriedade, tratou-o como gratuito e de freqüência obrigatória, incluindo também os adultos (CARLI, 2004, 51).

Na mesma direção, Benedito Eugênio (2004) relata que somente a partir dos anos 1940 surgem os primeiros livros e artigos dedicados ao ensino supletivo. Inicia-se também uma polêmica.

> Por um lado há os que acreditam ser mais razoável solucionar o problema do analfabetismo através da maior ampliação das redes de ensino elementar comum e por outro há os que solicitam medidas de efeito mais em curto prazo, enfatizando a necessidade de programas especiais para adultos. Toda essa discussão culmina com a regulamentação do **Fundo Nacional do Ensino Primário (FNEP)**, instituído pelo Decreto – Lei nº 4.958 de 14 de novembro de 1942, com a finalidade explícita de possibilitar a ampliação e a melhoria do sistema escolar primário de todo o país (EUGÊNIO, 2004, p. 30, grifos nossos).

O autor citado nos diz ainda que durante todo o Estado Novo iniciou-se a preparação de uma campanha de educação de jovens e adultos analfabetos. Essa campanha só pôde ser posta em prática em 1947 através da autorização, pelo Ministério da Educação e Saúde, da organização de um serviço de Educação de Adultos no Departamento Nacional de Educação e dessa forma

> a Campanha de Educação de Adultos foi concebida por Lourenço Filho, seu idealizador e nasceu da regulamentação do FNEP e seu lançamento visou atender aos apelos da UNESCO. A Campanha pretendia, progressivamente, com o tempo, estender a educação primária à totalidade dos jovens e adultos ainda iletrados. Outros objetivos também faziam parte da Campanha: preparar mão-de-obra alfabetizada nas cidades, penetrar no campo, além de se constituir num instrumento para melhorar a situação do Brasil nas estatísticas mundiais de analfabetismo. Na verdade, a Campanha era vista como uma autêntica campanha de salvação nacional. Tentava conciliar quantidade com a qualidade e a continuidade do ensino (EUGÊNIO, 2004, p. 31).

A Campanha de Educação de Adolescentes e Adultos (CEAA) estendeu-se até princípios da década de 1960 e, de acordo com a descrição de Galvão e Di Pierro (2007), entrou em declínio, mas a experiência de alfabetização de grandes contingentes de brasileiros modificou no seu percurso a visão preconceituosa em relação aos analfabetos, abrindo espaço para a emergência de uma nova concepção de educação de jovens e adultos.

As autoras apontam que entre o final dos anos 1950 e início dos anos 1960 surgiram vários movimentos de educação e cultura popular influenciados pelo momento político, histórico e social brasileiro a partir das ideias de Paulo Freire sobre o analfabeto e a ação alfabetizadora. Elas acrescentam.

> Entre esses movimentos, destacam-se o MEB – Movimento de Educação de Base, da Conferência Nacional dos Bispos do Brasil (CNBB); o MCP – Movimento de Cultura Popular de Cultura, organizados pela União Nacional dos Estudantes (UNE); o CEPLAR – Campanha de Educação Popular da Paraíba; o De Pé no Chão Também se Aprende a Ler, da Prefeitura de Natal. Esses movimentos emergiram em diversos locais do país, mas foi em alguns estados do Nordeste que se concentraram em maior número e com maior expressão [...] Os movimentos surgem da organização da sociedade civil visando alterar o quadro socioeconômico e político. Conscientização, participação e transformação social foram conceitos elaborados a partir das ações desses movimentos. O analfabetismo é visto não como causa da situação de pobreza, mas como efeito de uma sociedade injusta e não igualitária. Por isso, a alfabetização de adultos deveria contribuir para a transformação da realidade social (GALVÃO; DI PIERRO, 2007, p. 46).

No ano de 1964 instala-se a ditadura militar no país que se constituiu num momento de repressão e ruptura política produzindo uma completa reorganização dos aparelhos políticos do Estado brasileiro, ocasionando a extinção dos movimentos de educação e cultura popular, salvo o Movimento de Educação de Base (MEB) mantido pela Igreja Católica.

O governo federal cria, através da Lei 5.379, de 15 de dezembro de 1967, o Movimento Brasileiro de Alfabetização (MOBRAL) que apresenta como meta principal apenas fazer com que seus alunos aprendessem a ler e a escrever. Não evidenciando nenhuma preocupação com a formação integral do sujeito, concepção principal dos movimentos de educação e cultura popular.

Não cabe nesse momento expor todas as críticas que incidem sobre o MOBRAL, mas durante e depois da sua extinção, no ano de 1985, vários outros programas e movimentos de alfabetização de adultos foram criados, seja por órgãos do governo federal, seja por meio de Organizações Não Governamentais (ONGs).

A preocupação com a educação dos jovens e adultos como um direito e não como compensação ganha expressão e visibilidade por parte do poder público somente a partir da redemocratização do país, nos anos 1980. O marco histórico dessa retomada da Educação de Jovens e Adultos na esfera política e nas políticas públicas educacionais é a promulgação da Constituição Federal de 1988, através do seu art. 208, que afirma o dever do Estado para com a garantia do ensino fundamental, obrigatório e gratuito, assegurada, inclusive, sua oferta gratuita para todos os que a ele não tiveram acesso na idade própria.

Dessa forma, segundo Carli (2004, p. 63) a exigência de vagas na EJA, seja por um jovem ou por um adulto, obriga a autoridade competente, através do poder público, a atendê-lo.

Entretanto, uma avaliação das ações realizadas no Brasil, ao longo da década de 1990, revela que as diretrizes políticas adotadas pelos governos federais nem sempre possibilitaram a oferta da EJA como um direito assegurado na Constituição. Cabe citar a extinção da Fundação Educar[20] através da medida provisória 251, realizada no governo de Fernando Collor. Com o fim da Fundação Educar a EJA passa a ser assumida pelos governos municipais, nas séries iniciais do ensino fundamental e pelos governos estaduais, no segundo segmento do ensino fundamental e no ensino médio. Um estudo realizado por Haddad (1993), nesse período, constatou que frente à omissão das instituições federais e estaduais de governo e à não implementação de uma política coordenada houve um processo de municipalização da EJA.

Durante o governo Fernando Henrique Cardoso o plano das políticas educacionais da EJA se restringiu ao caráter compensatório, com ações direcionadas para subgrupos e para as regiões mais pobres no Brasil. Dentre as ações desenvolvidas estão o Programa Alfabetização Solidária, o Programa Nacional de Reforma Agrária (PRONERA) e o Projeto Recomeço. Além disso, o presidente Fernando Henrique Cardoso vetou o dispositivo legal que incluiria a EJA como beneficiária do Fundo de Manutenção e Desenvolvimento do Ensino Fundamental e de Valorização do Magistério (FUNDEF) sob a alegação de que os dados referentes ao ensino supletivo não eram confiáveis (VIEIRA, 2006).

Não obstante, a década de 1990 foi considerada também um marco significativo no campo educativo da EJA, devido à declaração das Organizações das Nações Unidas (ONU), como o Ano Internacional da Alfabetização e a realização da Conferência

[20] A Fundação Educar foi o órgão remanescente do antigo Mobral, reordenado para apoiar e fomentar políticas e ações de EJA em âmbito nacional.

Mundial sobre Educação para Todos realizada em Jomtien, na Tailândia. Através dessa conferência foi aprovada a Declaração Mundial sobre a Educação para Todos e o Plano para Satisfazer as Necessidades Básicas de Aprendizagem tendo os seguintes eixos norteadores: aprender a ser, aprender a fazer, aprender a conviver e aprender a aprender. Além disso, foi incluído na agenda política brasileira o compromisso assumido pelo governo federal a respeito da redução do analfabetismo de jovens e adultos no país.

A Conferência Mundial sobre Educação para Todos situa-se no contexto de uma série de eventos organizados pela ONU nos anos 1990 inspirada no lema "a educação na construção de uma sociedade baseada no desenvolvimento sustentável". Também em julho de 1997, em Hamburgo, na Alemanha, realizou-se a V Conferência Internacional de Educação de Adultos (CONFINTEA). A V CONFINTEA[21] representou a reafirmação de compromissos formais com o desenvolvimento da educação de jovens e adultos. Com a realização desta conferência houve o fortalecimento da constituição de Fóruns de Educação de Jovens e Adultos disseminados pelo Brasil[22].

---

[21] Por motivos da epidemia da gripe *Influenza* A (H1N1) que se propagou em diferentes países do mundo conhecida, popularmente como Gripe Suína, a realização da VI CONFINTEA em Belém do Pará foi adiada para dezembro de 2009. A VI CONFINTEA apresenta o seguinte tema proposto: "Vivendo e aprendendo para um futuro viável: o poder da aprendizagem e da Educação de Adultos".

[22] De acordo com Ferreira (2008) no período que antecede a realização da V CONFINTEA professores de universidades públicas e educadores ligados à educação popular propuseram-se a promover encontros, debates e formular propostas a serem apresentadas nessa conferência, deflagrando o processo de surgimento do primeiro fórum, no Estado do Rio de Janeiro, no ano de 1996, com o apoio das universidades públicas e o Ministério da Educação. Para o

A Lei de Diretrizes e Bases da Educação Nacional Brasileira (LDB – Lei nº 9394/96) assinala um outro aspecto importante na retomada da EJA no plano oficial com a afirmação da seguridade do direito da Educação de Jovens e Adultos. Entretanto, apesar dos avanços democráticos acerca desse campo educativo expressos na LDB 9394/96 percebe-se que

> uma leitura atenta da LDB 9394/96 revela o caráter flexível atribuído à EJA, que mesmo sendo considerada como pertencente à educação básica, tem um tratamento insuficiente, expressando a lógica dominante que seguindo os padrões que regem, no Brasil, **as políticas públicas**, pauta as ações no campo educacional estritamente pela relação **custo/benefício** (EUGÊNIO, 2004, p. 49, grifos nossos).

Na opinião de Di Pierro (2005), no decorrer da história da educação brasileira não foram poucas as tentativas dos governos federais de traçarem diretrizes em torno da Educação de Adultos, isto é, desde iniciativas da incorporação dessa modalidade de ensino a partir do trabalho voluntário realizado geralmente por Organizações Não Governamentais (ONGs) e até mesmo no interior de órgãos institucionais como as redes escolares federais, estaduais e municipais. Todavia, a questão dos recursos financeiros destinados a essa modalidade de ensino ainda hoje anima os debates em torno das políticas públicas direcionadas à EJA no cenário nacional.

> As políticas públicas de educação de jovens e adultos, que deveriam responder às aspirações e demandas, destacam

---

maior aprofundamento sobre as discussões dos Fóruns de EJA em âmbito nacional, ver http://www.forumeja.org.br. Acesso em 10/03/2009.

> os impasses gerados por dois impulsos contraditórios desencadeados no período da redemocratização das instituições políticas do país. De um lado, formou-se um amplo consenso em favor da alfabetização e da educação básica como esteios da participação cidadã na sociedade democrática e da qualificação profissional para um mundo do trabalho em transformação, o que se refletiu no alargamento dos direitos educativos dos jovens e adultos consagrados na legislação. Por outro lado, a educação de jovens e adultos ocupou lugar marginal na reforma educacional da segunda metade dos anos de 1990, implementada sob o condicionamento das prescrições neoliberais de reforma do Estado e restrição ao gasto público, e orientada pelas diretrizes de desconcentração, focalização e redefinição das atribuições dos setores público e privado (DI PIERRO, 2005, p. 06).

Cabe ressaltar que a configuração do campo educacional da Educação de Jovens e Adultos não se dá somente pela sua trajetória de lutas, ações sócio-educativas e políticas educacionais destinadas ao direito à educação básica de qualidade, mas também por meio de realização de pesquisas que, através de suas produções teóricas, têm problematizado esse campo educacional (HADDAD, 2002).

Nos anos 2000, no governo federal do presidente Luiz Inácio Lula da Silva, a EJA passa a ocupar um lugar específico no Ministério da Educação, na Secretaria de Educação Continuada, Alfabetização e Diversidade (Secad), através do Programa "Brasil Alfabetizado". Tendo como principal atribuição a proposta de erradicação, em um tempo mais breve possível, do analfabetismo no país, a criação deste programa educacional federal gerou debates e críticas de diversos setores sociais em torno da sua organização e execução, que se verificam ainda hoje.

Questiona-se que, apesar dos avanços no campo da política educacional, a EJA defronta-se historicamente com uma visão compensatória e de "tempo perdido". Há a dificuldade, no plano das políticas públicas, de vê-la como direito. Mais ainda, de compreender que a mesma não deve seguir padrões e vícios dos processos escolares tradicionais, mas incluir uma proposta educativa condizente com o ciclo da vida e as experiências sociais e culturais dos sujeitos que dela fazem parte. Essa tensão se realiza nas várias propostas e experiências de EJA, tanto em nível federal quanto estadual e municipal. Em cada um desses níveis esse campo apresenta especificidades, limites, contradições e avanços.

Nesse processo de configuração não se pode esquecer da incorporação da modalidade de ensino da EJA à Educação Básica, tendo regulamentadas as suas diretrizes curriculares através do parecer nº 11/00 do Conselho Nacional da Educação e da Câmara de Educação Básica (CNE/CBE). O relator, Carlos Roberto Jamil Cury (2000), defende que as orientações curriculares apresentam três funções básicas, a saber: a função reparadora, quando a EJA é concebida como dívida social; a função equalizadora, que leva em conta as especificidades dos sujeitos da EJA; e a função qualificadora, que inclui a noção de educação para toda a vida. Além disso, esse autor argumenta ainda sobre a possibilidade da modalidade de ensino da EJA receber recursos financeiros do atual Fundo de Manutenção e Desenvolvimento da Educação Básica e de Valorização dos Profissionais da Educação (FUNDEB).

A configuração do campo da Educação de Jovens e Adultos nos anos mais recentes traz consigo discussões tensas. A principal delas é que, apesar da sua regulamentação como modalidade de ensino e recebimento de recursos do FUNDEB, esta não deveria se limitar a processos de escolarização tradicionais, desprezando outras experiências educativas de EJA, algumas delas herdeiras da educação popular. Aqueles que defendem tal posição alertam para o perigo de que a EJA se afaste da concepção de direito do jovem e adulto a uma vivência digna de educação de acordo com as especificidades do seu ciclo de formação. Trata-se do direito à vivência plena e a garantia de processos educativos que vão além da escolarização e levem em consideração a vivência dessas pessoas no trabalho, na cultura, os aprendizados que já possuem e as questões de raça e gênero. Segundo Arroyo

> a EJA sempre aparece vinculada a um outro projeto de sociedade, um projeto de inclusão do povo como sujeito de direitos. Foi sempre um dos campos da educação mais politizados, o que foi possível por ser um campo aberto, não fechado e nem burocratizado, por ser um campo de possíveis intervenções de agentes diversos da sociedade, com propostas diversas de sociedade e do papel do povo (ARROYO, 2005, p. 31).

O autor explica, ainda, que desde a sua constituição como campo educacional os jovens e adultos presentes na EJA são os mesmos, ou seja, na maioria das vezes, no decorrer da história da educação brasileira, foram os jovens e adultos que tiveram os seus direitos à educação básica negligenciados.

O processo de escolarização da EJA como modalidade de ensino remete-nos diretamente à história de lutas e embates políticos e ideológicos marcados pela Educação Popular em um determinado contexto histórico brasileiro, em que as práticas educativas eram norteadas por ações de movimentos populares, pela pouca sistematização escolarizada do processo de ensino e aprendizagem e pela valorização dos sujeitos[23] jovens e adultos envolvidos/as. Como nos diz Osmar Fávero (1983) quando se refere ao movimento de cultura e educação popular.

> Dentre as formas de luta popular que surgiram nos anos 1960-64, ou que neles conseguiram se fortalecer, uma delas se chamou cultura popular; e ela subordinava outra: a educação popular. Nesse campo tudo se refez e tudo se imaginou criar ou recriar, a partir da conscientização e da politização – ou seja, da organização das classes populares. O que se pretendia? Transformar a cultura brasileira e, através dela, pelas mãos do povo, transformar a ordem das relações de poder e a própria vida do país. Os instrumentos? Círculos de cultura, centros de cultura, praças de cultura, teatro popular, rádio, cinema, música, literatura, televisão... sindicatos, ligas... com/para/sobre o povo (FÁVERO, 1983, p. 9).

Assim sendo, uma das principais críticas em torno do processo de escolarização da EJA consiste na constatação de que se essa modalidade de ensino se escolariza são também escolarizadas as suas práticas de ensino e aprendizagem. Essa tensão apontada pela literatura da área pôde ser observada na escola pesquisada. Foi possível perceber a existência de uma sensibilidade de alguns profissionais da educação em conceber os processos de escolarização da EJA não restritos somente à transmissão

[23] Segundo EZPELETA; ROCKWELL (1989) sujeitos são construídos em e por relações sociais específicas, por tradições e histórias variadas que amiúde carregam também normatividades diferentes. Mesmo conhecendo as regras do jogo institucional, os sujeitos são capazes de distanciar-se delas, manejá-las de fora, compartilhá-las, readaptá-las, resistir-lhes ou simplesmente criar outras novas.

de conteúdo disciplinar. Todavia, durante o trabalho de campo verificou-se que, de forma geral, o processo de ensino e aprendizagem estava pautado muito mais na transmissão de conteúdos e menos na exploração dos potenciais e da vivência dos alunos. Dessa forma, a escola se depara com as mesmas dificuldades que o ensino regular historicamente já vem enfrentando há vários anos.

> Enquanto os (as) professores (as) estão passando sua matéria no quadro a todo instante existe uma negociação com os/as jovens e adultos alunos/as. O esforço por parte dos docentes em despertar e convencer o interesse dos seus alunos e suas alunas acontece o tempo todo. Para o adulto aluno/a as questões que se referem à disciplina e o convencimento de que a escola é algo ainda importante não é tão "árduo", na opinião de alguns professores/as, como para os/as jovens alunos/as. Diante disso, percebi que o tempo de aprendizado na sala de aula dá-se de forma diferenciada, isto é, enquanto alguns alunos/as estão a fim de 'sugar' todo o saber escolar que é oferecido, em contrapartida, outros alunos/as estão a fim de trocar ideias, atualizar o assunto, falar do time de futebol e zoar. Além disso, para além do processo de transmissão de conteúdos emergem outras questões importantes que chamaram a minha atenção. No mesmo espaço entrecruzam-se diferentes dimensões, a saber: intergeracional, socioeconômicas, étnico-raciais, orientações sexuais, a inclusão de pessoas com deficiência e das experiências e expectativas de vida dos indivíduos em torno do processo de escolarização da EJA. Experiências ricas e que de certa forma são pouco ou quase nunca exploradas nas aulas (Diário de Campo, 06/03/2008).

Juntamente com questões políticas, legais e de destinação de recursos públicos para a EJA observa-se que essa modalidade de ensino é acompanhada de uma tensão: entender a EJA como direito implica conceber os jovens e adultos como sujeitos ricos em vivências, práticas, lutas e experiências (formadoras e deformadoras). Essa concepção deverá orientar as políticas e práticas dessa modalidade de ensino.

Nessa perspectiva, os processos de educação de pessoas jovens e adultas não se encerram na transmissão de conteúdos. Considera-se que o campo da EJA carrega em si uma história de investimento na formação humana, a qual é corroborada por meio de relatos e experiências na área. Concordando com Nelton Dresch (2008), o cuidado em torno das práticas de ensino e aprendizado que são desenvolvidas na EJA não se encerra simplesmente no processo de escolarização.

> Na atual conjuntura, a "Escolarização de Jovens e Adultos" ainda está circunscrita aos processos de ensino-aprendizagem que ocorrem exclusivamente no âmbito dos espaços escolares limitados, em geral, às salas de aula, aos laboratórios e ao pátio. Nestes ambientes, os conhecimentos acumulados historicamente têm sido prescritos, sistematizados e transmitidos aos alunos pelos professores e/ou pelo órgão mantenedor em uma concepção curricular linear, normatizada, normatizadora e homogênea que estabelece ou fortalece ritos e dogmas peculiares à doutrinação e disciplinarização de sujeitos, subjetividades e dos próprios conhecimentos. Esse caráter da educação escolar tem sido veementemente questionado, em especial pelas diferentes traduções das Teorias Crítica e Pós-Crítica para o campo educacional (DRESCH, 2008, p. 2).

Na mesma direção Leôncio Soares (2001, p. 205), ao analisar as necessidades de aprendizagens de jovens e adultos ressalta que a ênfase principal da modalidade de ensino da EJA

> não deve situar-se nem na assimilação da cultura privilegiada, seus conhecimentos e seus métodos, nem na preparação para as exigências do mundo do trabalho, e sim no enriquecimento do indivíduo, constituído como sujeito de suas experiências, pensamentos, desejos e afetos.

Juarez Dayrell (2005a, p. 53) também caminha na mesma orientação. Segundo ele, a análise do campo educativo da EJA deverá ser feita de forma bastante ampla abrangendo aspectos sociais, culturais e históricos. Isto quer dizer que

> ao se referir à *educação*, está implícito que a tradição da EJA sempre foi muito mais ampla que o *ensino*, não se reduzindo à escolarização, à transmissão de conteúdos, mas dizendo respeito aos processos educativos amplos relacionados à formação humana, como sempre deixou muito claro Paulo Freire.

Nesse contexto Sérgio Haddad (2002) alerta que mesmo que o campo educacional da Educação de Jovens e Adultos esteja sendo gradativamente institucionalizado em modalidade de ensino, atualmente a EJA está cada vez mais sendo incorporada pela prática da educação formal. O autor ainda pondera que mesmo diante dessa situação não se deve perder de vista a dimensão histórica de luta pelo "direito" à educação básica de qualidade, intrínseca ao campo educativo da EJA através de suas conquistas. Haddad esclarece que:

> Mesmo a EJA estando cada vez mais próxima das instituições oficiais de ensino e das reflexões sobre escolarização, isto não a isola ou não parece poder isolá-la do debate mais amplo que ainda permanece vivo nos movimentos populares sobre a necessidade de se pensar numa educação que ultrapasse os objetivos utilitaristas de certificação e abra-se para uma perspectiva de conquista de direitos. (HADDAD, 2002, p. 16)

Ao nos embasarmos nesses e em outros autores[24] compreendemos que o campo educacional da EJA não se esgota nos preceitos legais, nos processos de transmissão de conteúdos e na redução à escolarização. Adota-se, nesse trabalho, a concepção da EJA como direito das pessoas jovens e adultas. Porém, esse direito não se constrói no vazio. Ele faz parte de lutas históricas de sujeitos coletivos, os quais apresentam identidades, subjetividades e singularidades.

Um aspecto quase consensual dos estudos sobre a EJA tomada como um direito é que ela é perpassada por lutas, concepções divergentes e por formas de regulamentação do Estado. No entanto, mesmo os trabalhos que caminham em uma perspectiva mais crítica da EJA como um direito acabam incorrendo em uma leitura homogeneizadora desse público do ponto de vista geracional. É muito comum encontrarmos nos discursos, nas pesquisas e práticas referências às "pessoas jovens e adultas" como se ambas formassem um mesmo contingente de estudantes ou até mesmo a diluição da juventude da EJA dentro da vida adulta. Portanto,

---

[24] As compreensões do campo educacional da EJA para além dos processos de transmissão de conteúdos estão presentes também nos estudos desenvolvidos, dentre outros pesquisadores, por ARBACHE (1999), FREIRE (1990 e 1970) e MOLL (1996).

deve-se tomar cuidado para não homogeneizar o público da EJA como se este constituísse num bloco indiferenciado.

As pessoas jovens e adultas são sujeitos que possuem lugares sociais, identitários, geracionais, de raça, de gênero e de orientação sexual diversos. Juventude e vida adulta na EJA apresentam especificidades e são marcadas pela diversidade. Estas questões não são discutidas nos textos legais e encontram-se abordadas de forma ainda muito incipiente pelos próprios teóricos do campo. É no cotidiano das práticas de EJA que a diversidade cultural, etária, racial e de gênero se expressam. Mas como tudo isso se articula em uma experiência de escolarização da EJA? Essa é uma das questões orientadoras dessa investigação, tendo como recorte temático central as relações entre juventude e raça.

Ao focalizar os jovens negros e brancos, que cada vez mais passam a frequentar a EJA nos últimos anos, e localizá-los em uma prática específica de uma escola da rede municipal de ensino de Belo Horizonte, aproximamos-nos de um fenômeno cada vez mais intenso e ainda pouco discutido na pesquisa educacional: o rejuvenescimento ou juvenilização da EJA.

O REJUVENESCIMENTO OU JUVENILIZAÇÃO DA EJA: A PRESENÇA DE JOVENS NA ESCOLA PESQUISADA

Do total de 319 alunos matriculados no turno diurno na escola pesquisada conseguimos coletar 205 questionários. Dentre os respondentes do questionário verificamos a seguinte distribuição etária: 130 jovens têm de 15 a 24 anos de idade e 75 adultos entre 30 e 65 anos de idade.

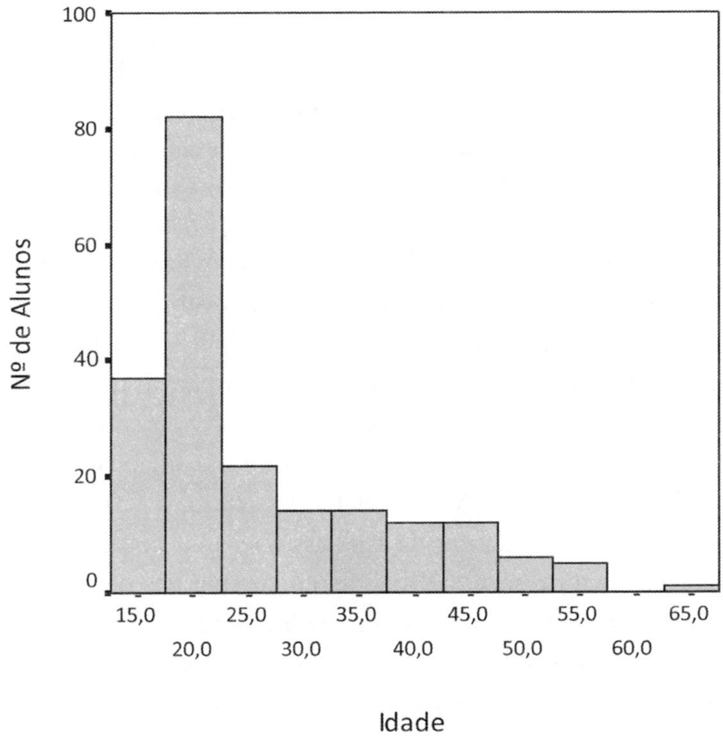

Gráfico 1: Idade do alunado da EJA no turno diurno da escola.
Fonte: Informações retiradas de questionário.

O número significativo de jovens provoca opiniões diversas tanto dos jovens e adultos quanto dos profissionais da educação da escola.

> Estamos próximo do fim do ano letivo e percebe-se a agitação dos/as jovens alunos/as pelo corredor da escola ansiosos pelo término das atividades escolares para gozar as férias. Durante as observações na sala de aula, é possível

> escutar o som de bombas que são soltas nos corredores e que assustam a todos/as nós e nesse instante escutava os seguintes comentários realizados por alguns adultos alunos/as sendo endossado por alguns professores: "não se incomoda não é que esses jovens alunos são perturbadores mesmos" (Diário de Campo, 19/11/2007).

Constatamos, a partir das várias situações observadas durante o trabalho de campo, que a presença de jovens no interior das práticas escolares da EJA constitui-se um dos principais desafios da escola pesquisada. Tal situação parece apontar para as mesmas considerações feitas pelos estudos que abordam o fenômeno do rejuvenescimento ou juvenilização da EJA como modalidade de ensino.

Sérgio Haddad e Maria Di Pierro (2000, p.127) apontam que o perfil dos estudantes da EJA assume uma nova identidade a partir do final do século XX. Diferentemente das décadas anteriores, em que eram atendidos principalmente adultos oriundos de origem rural, com a entrada dos jovens no programa emerge um novo desafio para a Educação de Jovens e Adultos – há mais de duas décadas os jovens atendidos na escolarização da EJA são de origem urbana e cuja trajetória escolar anterior foi mal sucedida.

Na mesma direção, Carmem Brunel (2004) aponta que a presença de jovens inseridos na modalidade de ensino da EJA altera o cotidiano escolar e as relações que se estabelecem entre os sujeitos que ocupam estes espaços. A autora nos diz ainda que precisamos repensar o espaço escolar e dessa maneira agirmos para mudar aquilo que não serve mais, que não acrescenta muito e trabalharmos na construção de novas relações entre os sujeitos que ocupam este espaço.

Em uma perspectiva semelhante Eliane Ribeiro Andrade (2004) também aborda o tema. A autora frisa que a entrada de jovens na EJA é um dos atuais desafios dessa modalidade de ensino, ou seja, as demandas apresentadas por esses sujeitos são diferentes das demandas dos sujeitos adultos. Além disso, em sua opinião,

> valorizar o retorno dos jovens pobres à escolaridade é fundamental para torná-los visíveis, já que representa a chance que, mais uma vez, esse jovem está dando ao sistema educacional brasileiro de considerar a sua existência social, cumprindo o direito constitucional de todos terem acesso à escolaridade básica (ANDRADE, 2004, p. 51).

Paulo Carrano nos chama também a atenção para o desafio do que temos chamado de "juvenilização da EJA"

> deveríamos caminhar para a produção de espaços escolares culturalmente significativos para uma multiplicidade de sujeitos jovens – e não apenas alunos – histórica e territorialmente situados e impossíveis de conhecer a partir de definições gerais e abstratas. Neste sentido, seria preciso abandonar toda a pretensão de elaboração de conteúdos únicos e arquiteturas curriculares rigidamente estabelecidas para os "jovens da EJA" (CARRANO, 2007, p. 56).

A maior presença de jovens implica, também, na possibilidade de "culturas juvenis" interagindo no interior da escola (ABRAMOWICZ; GOISSIS 2007, MAIA 2004, SPÓSITO 2007, dentre outros). Dessa forma, o tempo/espaço escolar e a sala de aula desvendam o universo marcado por especificidades de gênero, intergeracionais, socioeconômicos, étnico-raciais e de orientações sexuais concebidas num mesmo espaço/tempo e capazes de influenciar as relações entre os sujeitos e dos sujeitos com o conhecimento no seu interior.

Mas quais motivos levaram esses jovens à EJA? Parreiras (2007, p. 10) compreende que é importante ter em vista que o valor que a escola possa ter para os jovens e adultos transcende a mera aquisição de conhecimentos ou novas conquistas intelectuais.

> Apesar de a maioria ter apresentado como motivo de retorno à escola o crescimento e/ou a melhoria de condições educacionais para entrar no mercado de trabalho, encontramos também várias respostas que expressam o desejo de conquistas com relação à sua auto-imagem e à sua sociabilidade.

A presença de estudantes jovens na EJA ocasiona impacto significativo nas relações sociais e educacionais que são instituídas entre os sujeitos no cotidiano da escola, fato esse corroborado na pesquisa de doutorado desenvolvida por Analise Silva.

> Hoje a EJA vê entre os sujeitos que a compõem alguém que já lhe foi estranho. Trata-se de um jovem urbano, que já freqüentou os bancos escolares, que tem uma visão "pós-concebida", construída pautado em suas vivências do que é a Escola, que se desencantou com as perspectivas anunciadas pela escola, advindas da freqüência a essa instituição, que tem dificuldades concretas de como aprender o que lhe é ofertado pela escola e de como ser reconhecido pela prática escolar (SILVA, 2007, p. 237).

A visão do que é a escola pelos estudantes jovens da EJA, referida pela autora, nos serve de alerta sobre a necessidade de uma discussão bastante ampla por parte dos profissionais que lidam com essa modalidade de ensino em torno do fenômeno de rejuvenescimento da

EJA, sobretudo no que diz respeito à especificidade cultural e identitária do jovem (FERRERI; AMARAL, 2005). A ausência desta discussão poderá resultar numa contribuição ínfima aos processos de escolarização destes jovens e à reafirmação de determinados discursos, representações e práticas pedagógicas preconceituosas que atribuem aos jovens, principalmente aos pobres e negros, comportamentos violentos, de alienação e desinteresse.

Vejamos, na tabela 2 a distribuição dos/as alunos/as de acordo com o sexo no turno diurno.

TABELA 2
DISTRIBUIÇÃO DO ALUNADO DA EJA – POR SEXO

	Nº de alunos
Feminino	95
Masculino	110
Total	205

Fonte: Informações retiradas de questionário aplicado no turno diurno da escola.

Observa-se uma maior presença proporcional do alunado masculino, ou seja, 53,7%. Além disso, a maioria destes e destas jovens reside em diferentes regiões de Belo Horizonte. Constatamos ainda que 80% dos/as jovens já sofreram reprovação escolar e destes 45% já interrompeu alguma vez o seu processo de escolarização. Com relação à escolaridade dos pais observamos que a grande maioria do alunado jovem tem pais e mães com Ensino Fundamental completo. Esses dados nos revelam o que as pesquisas acerca da expansão escolar vêm demonstrando: os/as jovens hoje estudam durante mais tempo que seus pais.

Optamos pela não solicitação da renda familiar no questionário. Entretanto, a partir do contexto observado, pudemos inferir que a maioria dos/as jovens estudantes da escola é pobre. No que se refere ao estado civil, 85% deles se declararam solteiros e residem com os seus familiares. Com relação à realização de alguma atividade remunerada, 37,1% dos/as jovens de 18 a 24 anos responderam sim e 54,9% deles/as responderam que não. Essa constatação nos faz refletir em torno da relação entre juventude e trabalho, sobretudo na dificuldade do jovem de se inserir no mercado de trabalho. A esse respeito discutiremos mais adiante. Vejamos o perfil étnico-racial dos estudantes inseridos na EJA a partir dos dados apresentados.

TABELA 3
PERFIL ÉTNICO-RACIAL DO ALUNADO NA ESCOLA PESQUISADA

		Nº de alunos
Raça/Cor	Branco	51
	Preto	46
	Pardo	85
	Amarelo	6
	Indígena	5
	Não Sabe	8
	Não Respondeu	4
	Total	205

Fonte: Informações retiradas de questionário aplicado no turno diurno da escola.

Levando em consideração as informações acima podemos verificar que o alunado presente na escola pesquisada é constituído por 63,9% de jovens e adultos autodeclarados negros (pretos e pardos).

O número significativo de jovens e adultos negros/as presentes na escola em questão nos leva a ponderar que a realidade observada apresenta alguns alertas para o campo da pesquisa educacional e para os formuladores de políticas públicas em educação no sentido de incluir as relações entre a EJA, a juventude e as relações étnico-raciais em suas problemáticas. A pergunta "para onde retornam os jovens negros que são excluídos dos processos de escolarização regular?" pode estar sendo respondida em situações semelhantes à dessa pesquisa. Os dados coletados e as poucas pesquisas sobre EJA e questão racial existentes permitem-nos ponderar que, no Brasil, esse segmento deve estar localizado na EJA. Isso quer dizer que o campo da EJA possui como uma de suas características fundamentais não somente o recorte socioeconômico e geracional, mas também o racial. E mais, quando discutimos a EJA como um direito não podemos nos esquecer que esse direito também está articulado com a luta pelo direito à diferença.

Interessava-nos, também, saber o nível de participação dos jovens e adultos em atividades extraescolares já que uma das possibilidades de compreensão da juventude consiste no entendimento de sua inserção nos diferentes espaços de socialização (CARRANO, 2000). Os jovens e adultos estudantes informaram que os espaços de lazer mais frequentados são a igreja/culto, as casas de baile, a casa de amigos, o shopping, a quadra esportiva e os parques. Tendo em vista, de forma geral, a situação socioeconômica do alunado e os consideráveis custos de deslocamento pela cidade, o acesso a determinados espaços urbanos de lazer torna-se limitado.

Buscou-se identificar o nível de participação dos estudantes jovens e adultos em algum grupo da terceira idade, ou de jovens e o envolvimento desses sujeitos em atividades culturais como teatro, música, dança, graffite e skate, dentre outros, seja no seu bairro ou em qualquer parte da cidade.

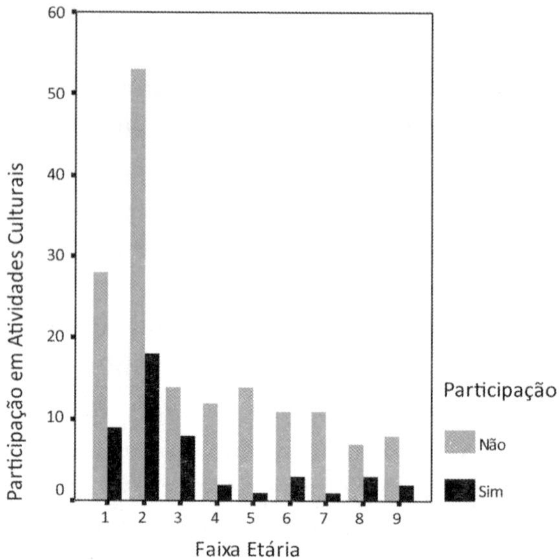

Gráfico 2: Participação em atividades culturais por faixa etária[25]
Fonte: Informações retiradas de questionário aplicado no turno diurno da escola.

As informações expressas nesse gráfico revelam o baixo grau de participação em atividades culturais dos jovens e adultos presentes no processo de escolarização da EJA. A partir da análise desses dados pode-se inferir que esses/as sujeitos utilizam, ainda de maneira bastante tímida, os espaços e as instituições socioculturais da cidade. Esse quadro nos leva também a refletir sobre o perfil do jovem presente na EJA, isto é, na desigualdade da qualidade do tempo livre juvenil e no precário acesso aos bens, serviços

[25] A organização por faixa etária foi categorizada da seguinte forma: Cód. 1 (15 a 17 anos), Cód. 2 (18 a 20 anos), Cód. 3 (21 a 24 anos), Cód. 4 (25 a 28 anos), Cód. 5 (29 a 33 anos), Cód. 6 (34 a 38 anos), Cód. 7 (39 a 43 anos), Cód. 8 (44 a 49 anos) e Cód. 9 (50 anos ou + anos).

e espaços públicos de cultura e lazer da maioria da população juvenil (BRENNER; DAYRELL; CARRANO, 2005).

Essa constatação nos leva a ponderar ainda sobre a importância que a escola exerce na trajetória de vida dos/as jovens e adultos alunos/as, pois a escola é uma das poucas instituições sociais a qual ainda hoje jovens e adultos pobres têm acesso, principalmente aqueles que não se inserem em projetos culturais e ONGs, dentre outros, ou seja, aqueles que não são "jovens de projetos". É na escola e, no caso dessa pesquisa, na EJA, que os jovens entrevistados vivenciam parte significativa dos seus processos socializadores e constroem redes de sociabilidade. Mas como a escola pesquisada lida com os/as jovens alunos no desenvolvimento das suas práticas pedagógicas? Eles são vistos como jovens? Ou são enquadrados dentro da categoria genérica e abstrata de "alunos"?

Os jovens na EJA: entre o papel social de aluno e a construção como sujeitos jovens

Um dos desafios observados no cotidiano da escola, principalmente no turno diurno, no qual a presença dos/as jovens se faz marcante, diz respeito à forma como estes são vistos pelos docentes. Entendê-los como jovens pode parecer fácil no discurso, porém o dia a dia de uma sala de aula exige que essa compreensão esteja presente na relação pedagógica, nas metodologias adotadas e na resolução de conflitos geracionais. Para tal, faz-se necessário entender e ver esses jovens para além da categoria abstrata de "aluno", compreendendo-os como sujeitos. E sujeitos jovens.

Essas reflexões nos ajudam a compreender que as práticas educativas desenvolvidas na escola, de maneira geral, supõem as crianças, os jovens e os adultos envolvidos nos processos educativos apenas como alunos. Pudemos observar que o mesmo acontece nos processos de escolarização da EJA. Faz-se necessário compreender a multiplicidade de sujeitos jovens (CARRANO, 2007) e alterar concepções e práticas da cultura escolar institucionalizada na escola.

Essa é uma questão que marca a constituição da escola nas mais diversas sociedades e contextos. José Gimeno Sacristán (2005) questiona a cultura escolar moderna e republicana por conceber os sujeitos restritos ao desempenho do papel social de aluno. Para esse autor

> nas salas de aula repletas, encontramos seres reais com um *status* em processo de mudança, que estão enraizados em contextos concretos, que têm suas próprias aspirações e que, em muitos casos, não se acomodam à idéia que os adultos haviam feito deles [...] o mundo mudou, os alunos também. Teremos de alterar nossas representações do mundo e dos alunos (SACRISTÁN, 2005, p. 17).

Esse autor nos ajuda ainda a compreender o conceito de aluno como invenção.

> O aluno é uma construção social inventada pelos adultos ao longo da experiência histórica, porque são os adultos (pais, professores, cuidadores, legisladores ou autores de teorias sobre a psicologia do desenvolvimento) que têm o poder de organizar a vida dos não adultos. Sem que isso possa ser evitado, representamos os menores como seres escolarizados de pouca idade. As imagens obtidas são projetadas nas relações que mantemos com eles, na maneira de vê-los e de entendê-los, no que esperamos de seu comportamento diante das indicações que lhes fazemos ou diante de determinadas

> situações, nos parâmetros que servem para estabelecer o que consideramos normal e o que fica fora do tolerável (SACRISTÁN, 2005, p. 11-12).

Nessa perspectiva, ao refletirmos sobre o rejuvenescimento da EJA podemos dizer que a mesma (assim como o ensino médio) vive momentos de tensão entre o reforço da construção social do "aluno" e uma outra construção própria do nosso tempo: a de sujeitos jovens. Assim, como a representação de "aluno" informou e ainda informa as práticas pedagógicas, conceber esses estudantes como "sujeitos jovens" poderá apontar algo novo na relação pedagógica e na relação com o próprio conhecimento.

Como nos diz Denise Terra (2008) a partir da inserção do público cada vez mais jovem na modalidade da EJA, olhar para esses jovens apenas como alunos é negar a multiplicidade de possibilidades que esses sujeitos têm de potencialidade.

> Há um desfocamento do olhar, pela opacidade do tratamento dado aos jovens como meramente alunos, reduzindo a escola ao espaço da instrução. Desse modo, essa última procura negar a multiplicidade de possibilidades formadoras vividas pelos atores sociais, nos seus diversos espaços e tempos, desde a entrada no pátio, a sala de aula, a hora do intervalo. Carece, enfim, da compreensão mais ampliada da escola e dos alunos como sujeitos sócio-culturais. E, para ampliar o foco visual sobre a juventude na escola, é preciso considerar a dimensão da "experiência vivida" (TERRA, 2008, p. 5-6).

Jorge Baeza e Ausenda Costa (2008), ao analisarem a qualidade do ensino oferecido aos jovens em Portugal e no Chile nos últimos anos, concluem que também nesses países as reformas educacionais não têm considerado de forma suficiente os seus estudantes. Ao traçarmos a trajetória histórica da EJA podemos perceber que, com contornos diferentes, essa também é a realidade do Brasil. Esses autores avaliam ainda que

> Ser aluno ou aluna não é só o desempenho de um papel, um exercício de um conjunto de direitos e deveres para estar numa posição determinada. O papel deve ser aceite só como um instrumento válido para o estudo, mas não deve confundir-se, em momento algum, com o aluno ou aluna como tal. Cada jovem vive a sua experiência de ser estudante de uma forma particular e atribui um sentido subjetivo próprio ao trabalho que realiza. No exercício do papel, é sempre possível distinguir entre os aspectos normativos, a sua realização simbólica, e o que realiza uma pessoa numa situação concreta. As escolas, como artefatos humanos, como organizações, permitem sempre aos seus atores uma margem de liberdade de ação, onde o comportamento não é nunca inteiramente previsível e determinado, mas sempre contingente (BAEZA; COSTA, 2008, p. 10).

Essas questões estão presentes na escola pesquisada. No cotidiano da mesma observa-se uma tensão entre as expectativas dos docentes em relação aos comportamentos e atitudes dos jovens vistos somente como "alunos" e a forma real como estes agem como "sujeitos jovens". Tudo isso interfere, de alguma forma, nos processos de escolarização e na construção de um outro lugar social que permeia as percepções de docentes e estudantes: nem somente "aluno" e nem ainda "sujeitos jovens", mas uma junção que aponta para um processo tenso de transição: ser jovem e aluno/a.

Vejamos como se organizam as expectativas acerca do ser jovem e aluno/a tendo como referência as observações realizadas no cotidiano da escola pesquisada.

QUADRO 1
AS EXPECTATIVAS DA ESCOLA ACERCA DO ALUNADO JOVEM DA EJA

Ser jovem na EJA	a) É conversar, experimentar, viver o agora, acessar bens materiais de consumo tecnológicos sociais. b) Ter uma boa aparência física e visual (vestir-se bem, apresentar-se com marcas idenditárias que os unem como: piercing, tatuagens e alargadores de orelhas, etc.) e convergir e/ou divergir de gostos e estilos musicais e grupos afins. c) Enfrentar situações sociais limites, tais como problemas financeiros, violência urbana e configurações familiares, inserindo-se socialmente com o acesso aos bens culturais e sociais de forma limitada.
Ser jovem "aluno/a" da EJA	Ser capaz de corresponder às competências básicas escolares requeridas pela escola a cada série/ciclo equivalente, demonstrando o nível de aproveitamento e rendimento satisfatório para não ser retido e prosseguir para o próximo estágio da escolarização.
As dimensões entre ser jovem "e" aluno/a	O tratamento direcionado ao alunado pelos e pelas professores/as incide sobre o papel social de aluno/a e é preciso o jovem se enquadrar como aluno/a, pois isso seria a atitude responsável e comprometida com a escola e com o seu papel, algo que não é tão nítido assim para os jovens e alunos/as em que muitos irão negociar de forma estratégica constantemente no interior da sala de aula com esses papéis sociais, ora postura jovem, ora postura aluno/a.
Para além do papel social de "aluno" jovem e adulto	a) No mesmo tempo e espaço da sala de aula da EJA se entrecruzam as experiências e vivências temporais do ser jovem e do ser adulto que são organizadas a partir de relações e interações no cotidiano escolar. b) Dimensões como valores sociais e religiosos, a constituição da identidade étnico-racial, a questão de gênero, a inclusão de pessoas deficientes, a orientação sexual e o lugar de pertença são alguns dos fenômenos sociais que podem ser destacados durante o período de observação.

Fonte: Extraído do Diário de Campo, 20/02/2008.

A elaboração desse quadro revelou que o traço marcante de "perturbação" acompanha principalmente o jovem aluno do sexo masculino[26] em processo de escolarização. Mas essa marca é bastante complexa, já que existem aqueles/as jovens alunos/as que estão a fim de "zoar" e se organizam junto a determinados grupos que também não estão a fim mesmo de estudar. Em contrapartida, sob o ponto de vista de alguns jovens alunos/as "eles/as se consideram maduros e responsáveis e estão na escola para aprender e levar a sério os seus estudos" e talvez por isso aproximem-se muito mais dos/as adultos/as alunos/as. E, por fim, existem também aqueles/as jovens que desempenham o seu ofício de aluno/a de forma mais flexível, ou seja, ora estão num determinado grupo, ora estão em outro, atitude essa tomada de forma bastante consciente.

Segundo Philippe Perrenoud "a pessoa nunca é redutível ao seu oficio". Em parte o sujeito escapa aos seus papéis sociais e nunca se reconhece inteiramente na imagem que os outros lhe reenviam. E ainda "a identidade de uma pessoa é sempre mais rica, complexa, instável e contraditória do que a parte que deve ao seu oficio ou a qualquer outra atividade, por mais central e envolvente que esta seja" (PERRENOUD, 1995, p. 202).

Nesse sentido, observou-se que os jovens escapavam o tempo todo do tradicional lugar de aluno e do tipo de ofício que deles era esperado pelos docentes e pelos adultos estudantes. Geralmente, esses lugares eram adjetivados como "bom" ou "mau" aluno.

---

[26] Cabe referenciar a investigação desenvolvida por Montserrat Moreno (1999) a partir da sociedade espanhola, que a nosso ver pode ser adaptada à realidade brasileira, em torno do caráter normativo da escola que está contaminada pelo sexismo que constitui o código secreto e silencioso que molda e discrimina o comportamento de meninas/ alunas/ mulheres frente ao comportamento adotado pelos meninos/ alunos/ homens.

A fim de romper com a concepção mais comum de "oficio de aluno" várias estratégias eram criadas pelos próprios jovens. Como exemplo podemos citar as estratégias em relação à aprendizagem dos conteúdos necessários para seguir para o ciclo seguinte. Mais do que aprender o conteúdo em si, importava para alguns jovens concluir os estudos. Esse é um dos motivos centrais pelos quais estão na EJA, pois, por motivos diversos, não o fizeram na escola regular.

Assim, desde o primeiro dia do ano letivo alguns jovens passaram "zoando" as aulas, os professores e os colegas. No entanto, no momento em que se aproximava o término do semestre e os/as professores/as começavam avaliar as produções realizadas esses mesmos jovens passaram a ficar quietos e participativos, buscando realizar todas as tarefas solicitadas para com isso obter aprovação e seguir a próxima série/ciclo. Ou seja, aquele que era considerado por todos como "mau" aluno passa por uma mudança radical e, no final do semestre letivo, transforma-se em "bom" aluno. Para além da estratégia construída a fim de avançar na série/ciclo, observamos que esse comportamento diz respeito a uma outra concepção sobre o ser "bom" ou "mau" aluno. Na perspectiva do jovem Milton

> [O bom aluno e o mau aluno], ah é chegar ali dentro da sala de aula, é você não fazer nada e não deixar ninguém fazer. Isso é mau aluno. Agora o bom aluno é você chegar lá e quer fazer você faz e não quer fazer fica na sua e não faz nada, mas também não atrapalha ninguém, isso para mim é bom aluno (Milton, jovem aluno da EJA).

É interessante notar que a perspectiva do jovem aluno atribui um lugar secundário ao conhecimento e se fixa muito mais na relação com o outro – "não atrapalhar ninguém", "ficar na sua". Além disso, a consciência acerca do desempenho do papel social de "aluno" deste mesmo jovem, que é considerado bagunceiro pelos seus colegas de sala, reforça a tese apresentada pelos autores acima citados, ou seja, de que o entendimento apenas do papel social de "aluno" não é suficiente para responder ao que está por trás de determinado comportamento do estudante na sala de aula. Esse jovem nos diz ainda:

> Já conheço aquelas matérias então se eu falar lá: vamos fazer outra coisa que isso eu sei não vai adiantar e que os adultos também têm que aprender então tenho que ficar lá prestando atenção e rever aquela matéria. Eu acho que não é muito bom, mas se **não dei valor antes agora tenho que pagar** então agora tenho que estudar mesmo e **cumprir a minha missão** lá, mas ficar vendo a mesma coisa, um ano inteiro não é muito bom, risos (Milton jovem aluno da EJA, grifos nossos).

O depoimento revela um lugar pouco confortável do jovem Milton na EJA. Para ele há uma repetição dos conteúdos, o que se torna desinteressante. Por outro lado, reconhece que os adultos que ainda estão tendo contato com as disciplinas precisam estudá-las. O que fazer? Certamente, distrair-se com outras coisas. O mais interessante é que em nenhum momento da observação em campo percebi algum docente indagando o jovem sobre o que ele já sabia e tentando colocá-lo em algum lugar mais dinâmico como, por exemplo, contribuindo com aquilo que já conhecia. Esta poderia ser uma estratégia de reconhecimento do seu saber e, quem sabe, conseguiria apresentar para ele algum sentido de estar naquela escola de EJA. Como isso não se deu, o jovem atribui a si mesmo a culpa de não ter completado o seu processo de ensino-aprendizagem na escola regular: "não dei valor antes agora tenho que pagar então agora tenho que estudar mesmo e cumprir a minha missão lá".

Diante dessa constatação questiona-se se toda "zoação" juvenil na sala de aula tem que ser interpretada como comportamento indisciplinado?[27] A esse respeito, Paulo Nogueira (2006) ajuda-nos a refletir que a "zoação torna-se uma estratégia discente de realizar o trabalho escolar e de se reapropriar desse espaço em uma outra dinâmica de ressignificação da escola".

> Enquanto faço as minhas anotações e observo a aula escuto risos e uma conversa (por meio de gírias) paralela à matéria que o professor está passando no quadro. De repente o professor para de escrever e começa a chamar atenção dos jovens alunos/as que se sentam nas últimas fileiras da sala. O professor reclama da indisciplina na sala de aula e da atitude desses alunos. A responsabilidade é o apelativo constante usado não somente por esse professor como também por outros docentes. Vejo que alguns jovens alunos/as estão com fones no ouvido escutando músicas nos seus aparelhos de I-pods, Mp6 e celulares e não estão dando a mínima atenção para que o professor está falando. Tão logo o professor volta a escrever no quadro a zoação inicia-se novamente sendo o assunto predileto dos/as jovens a violência que ocorreu

[27] A esse respeito, conferir o trabalho desenvolvido por Fernanda Dias (2008) que buscou analisar o significado da indisciplina sob o ponto de vista do jovem aluno inserido no ensino médio, em uma escola pública. A autora nos diz que os comportamentos considerados como indisciplina na sala de aula sofrem influências de diferentes fatores, a saber: a relação professor e aluno, os jovens e o ambiente escolar e a (im)possibilidade de aproximação e diálogo com o universo juvenil.

> no aglomerado no fim de semana, a 'pegação' nos bailes e a atualização do perfil na página do Orkut (Diário de campo, 14/02/2008).

A "zoação juvenil" pode ser analisada como uma estratégia adotada pelos jovens na sala de aula que, a nosso ver, deve ser mais bem entendida no esforço de ampliação de entendimento do jovem para além do papel social de "aluno". Assim, Nogueira (2006) ressalta que

> ser bom aluno, na perspectiva docente, é aproximar-se das regras escolares e cumpri-las. Ser um bom aluno, na perspectiva discente, coaduna-se em ser um bom amigo dos colegas da sala e estabelecer relações de amizade e companheirismo que podem vir a se expressar na zoação. Um bom aluno tanto orienta sua ação segundo as regras da escola impostas pela ação docente, quanto, simultaneamente, negocia essas mesmas regras através das interações mantidas na sala com os outros colegas sob o signo da zoação. Ele cria, nesse sentido, normas que orientam a ação dos grupos e dos indivíduos a partir das interações na realização de sua subjetividade através da zoação, *pari passu*, com a possibilidade estratégica de permanecer integrado estrategicamente ao sistema (NOGUEIRA, 2006, p. 176).

Percebe-se que para os colegas adultos os jovens estudantes deveriam assumir a condição de "aluno", uma vez que estar na escola é a oportunidade de recuperação do tempo escolar perdido e de acordo com o depoimento do alunado adulto "tanto o espaço escolar como o mercado de trabalho exigem das pessoas atitudes norteadas pelo compromisso e responsabilidade". Assim, pude perceber que para alguns jovens alunos a exposição pessoal é algo recorrente no cotidiano da sala de aula o que, conforme a opinião do autor citado, pode ser analisado como algo intrínseco à vivência da condição juvenil, seja através de suas exposições frente o/a professor/a, seja perante a provocação com seus amigos/as. Entretanto, cabe ressaltar que existe uma diferença significativa entre a exposição pessoal e o ridículo.

Percebe-se que o ridículo é algo evitado a todo custo pelos jovens, sendo que não existe nada de mais grave, na opinião deles/as, que se passar por "comédia" perante os outros jovens ou demais pessoas. A todo instante na sala de aula quando a "zoação" é direcionada para uma situação de ridículo eles/as advertem "não viaja em mim não" ou "vou cobrar vacilo".

Assim sendo, pode-se verificar na escola pesquisada que o fenômeno de rejuvenescimento da EJA dá-se de forma complexa, tensa e, por vezes, dicotômica, isto é, entre a vivência da condição juvenil e o desempenho do papel social de "aluno", como foi exposto anteriormente. Percebe-se ainda que esse fenômeno pode ocasionar entre os sujeitos envolvidos tensões, conflitos e incompreensões frente ao recente aumento de inserção do alunado urbano e juvenil nos processos de escolarização da EJA.

Isso nos leva a ponderar que o entendimento deste jovem nos processos de escolarização da EJA e, de maneira mais ampla, no ensino regular precisa se dar para além do desempenho do papel social de "aluno/a" e da limitação do conhecimento à transmissão dos conteúdos. É preciso compreender que quem chega à EJA são sujeitos e não alunos, como é salientado por Carrano.

> **A escola espera alunos e o que chega são sujeitos com múltiplas trajetórias e experiências de vivência do mundo.** São jovens que, em sua maioria, estão aprisionados no espaço e no tempo – presos em seus bairros

> e incapacitados para produzirem projetos de futuro. Sujeitos que, por diferentes razões, têm pouca experiência de circulação pela cidade e se beneficiam pouco ou quase nada das poucas atividades e redes culturais públicas ofertadas em espaços centrais e mercantilizados das cidades. Jovens que vivem em bairros violentados, onde a violência é a chave organizadora da experiência pública e da resolução de conflitos (CARRANO, 2007, p. 65, grifos nossos).

Ao vivermos imersos em uma sociedade moderna e contemporânea[28], em que os seus principais valores apontam para o individualismo e o consumismo exacerbado, verificamos também que as suas contradições caminham lado a lado, sendo atravessada pelo sentimento de saudosismo do tempo vivido no passado, em que a sensação de certeza e do progresso fazia-se presente nas relações sociais, na constituição identitária do indivíduo e no processo de socialização que se dava através das instituições sociais, por meio dos seus profissionais, ou no seio da família, dentre outros.

Tais sentimentos foram percebidos nas opiniões dos estudantes adultos e dos docentes ao se referir em ao comportamento considerado "indisciplinado" dos jovens alunos. No entanto, as condições de vida, as questões presentes na constituição da juventude nos dias atuais, principalmente a juventude pobre, as questões raciais e de gênero, assim como um repensar da EJA ainda não são consideradas como caminhos para compreender quem é esse jovem que participa do processo de escolarização.

---

[28] Concordamos com GIDDENS (1991) ao discutir que em vez de estarmos entrando num período de pós-modernidade, estamos alcançando um período em que as consequências da modernidade estão se tornando mais radicalizadas e universalizadas do que antes.

Nesse sentido, Alberto Melucci (2004) destaca que

> a grande mola do progresso não move mais o relógio da história e deixa-nos órfãos de esperanças. Somos desse modo, sobrecarregados de passado e ainda ansiosos de futuro, mas não podemos mais contar com o conforto da crença. O desencanto torna-se facilmente semelhante às terras de ninguém que circundam as periferias de nossas metrópoles: desertos áridos, mas entulhados de resíduos da civilização (MELUCCI, 2004, p. 175).

Compreendemos que o modelo dos processos de escolarização, que ainda são concebidos nas instituições escolares, é norteado por princípios e valores pautados na concepção escolar clássica tradicional que, como podemos verificar, leva em conta somente o papel social que o indivíduo irá desempenhar a partir da sua inserção social. A nosso ver, esse modelo não consegue mais atender às implicações e às demandas sociais apresentadas pela realidade social contemporânea. Do ponto de vista do cotidiano escolar observa-se que o rejuvenescimento da EJA acirra essa situação. Assim, o papel social de "aluno/a" não esgota as múltiplas dimensões do sujeito/jovem. No momento atual de crise em que as instituições sociais e, no nosso caso específico, a escola, vêm enfrentando, superar essa situação significa compreender a ausência de significados e sentidos que os sujeitos atribuem às funções sociais desempenhadas por essas instituições.

Afinal, romper com essa concepção escolar clássica significa mudança de estrutura, lógicas e práticas. Este é um desafio para a educação brasileira e as práticas pedagógicas nela desenvolvidas, tanto no ensino regular quanto na EJA.

Percebi alguns momentos conflitivos e tensos ocasionados principalmente quando a dimensão de ser "jovem" se sobrepunha ao ser "aluno" no cotidiano da sala de aula. O conflito entre o/a professor/a e o/a jovem aluno/a geralmente é deflagrado a partir da falta de atenção com a disciplina que está sendo exposta, em situação de conversa e no uso de aparelhos como Mp3. Em algumas ocasiões boa parte do tempo destinado para as aulas o/a professor/a utilizava para chamar a atenção dos/as jovens alunos/as o que para eles/as tratava-se de uma "pagação", "encheção de saco" sem muito efeito direto tanto na sua vida pessoal quanto no seu papel de "aluno/a".

Nesse sentido, há uma determinada concepção de aluno presente na escola regular e nos processos de escolarização da EJA que isola o jovem e o adulto, ou seja, o ciclo da vida em que esses sujeitos estão inseridos, e os enxerga somente como "alunos", em abstrato. Contudo, como nos diz Carrano (2007) esses jovens (e adultos) que chegam à escola são sujeitos com múltiplas trajetórias de experiências e vivência do mundo, marcados pelos seus ciclos de vida e relações sociais e não se comportam da forma neutra esperada pelos professores, ocasionando com isso os conflitos.

Portanto, ser "jovem" e "aluno/a" consiste em uma dentre outras características dos processos de escolarização da EJA. Somadas a estas encontram-se as dimensões de gênero, de nível socioeconômico, culturais e étnico-raciais. Como já foi dito, sobre estas últimas recai o recorte específico dessa pesquisa, que será discutido nos capítulos seguintes.

CAPÍTULO

2 JUVENTUDES: UM OUTRO OLHAR SOBRE A DIVERSIDADE

> Acho que pelo menos aqui na escola da EJA eles deveriam ter toda semana um acompanhamento com o jovem, é conversar, perguntar o que está acontecendo, porque às vezes o resultado que ele está tendo aqui é o que está acontecendo na vida dele, por exemplo, faltei por motivo do teatro e não quiseram nem saber, entendeu não que eu estou importando, mas se eu tivesse fazendo outra coisa eles não estavam nem ai, entendeu, então acho que a escola não se importa muito não com o jovem (Solano, jovem aluno da EJA).

REFLETINDO SOBRE O CONCEITO DE JUVENTUDE

A "juventude" como uma categoria de análise tem sido estudada por diferentes pesquisadores/as das áreas das ciências sociais e humanas. Os conceitos correspondentes à juventude como uma construção social, histórica, cultural e relacional, que através das diferentes, épocas e processos históricos e sociais têm adquirido denotações e delimitações diferentes, podem ser identificadas a partir dos estudos desenvolvidos por FORACCHI (1972), LEVI; SCHMITT (1996), FEIXA (1999), DICK (2003), DÁVILA LEÓN (2004), ARIÈS (2006), MARGULIS; URRESTI (2008), NOVAES (2006), dentre outros.

Segundo Marília Spósito (1999), no seu singular o conceito de juventude é impreciso, tanto teoricamente quanto do ponto de vista dos dados estatísticos. Assim, qualquer tentativa de caracterização da juventude brasileira requer, preliminarmente, o reconhecimento da diversidade social e cultural que define esse segmento. De acordo ainda com a autora, a própria categoria "juventude" encerra um problema sociológico passível de investigação na medida em que os critérios que a constituem são históricos e culturais.

Para Guita Debert (1998) a perspectiva que orienta os estudos da antropologia para analisar as etapas da vida, como infância, adolescência, juventude e velhice é a de que tratam-se de "categorias socialmente produzidas". Essa autora nos diz que:

> A pesquisa antropológica demonstra que a idade não é um dado da natureza, nem um princípio naturalmente constitutivo de grupos sociais, nem ainda um fator explicativo dos comportamentos humanos. [...] o próprio da pesquisa antropológica sobre os períodos da vida é mostrar como um processo biológico é elaborado simbolicamente com rituais que definem fronteiras entre idades pelas quais os indivíduos passam e que não são necessariamente as mesmas em todas as sociedades (DEBERT, 1998, p. 51).

Ao realizar uma análise sociológica em torno deste conceito, Pierre Bourdieu (1983) foi categórico ao afirmar que a "juventude" é apenas uma palavra, isto é,

> a idade é um dado biológico socialmente manipulado e manipulável; o fato de falar dos jovens como se fossem uma unidade social, um grupo constituído, dotado de

> interesses comuns e relacionar estes interesses a uma idade definida biologicamente já constitui uma manipulação evidente. Seria preciso pelo menos analisar as diferenças entre as juventudes (BOURDIEU, 1983, p. 113).

Não obstante, existe ainda hoje o entendimento da juventude restrita a aspectos biológicos e compreendida pelo caráter transitório da vida. A esse respeito, Angelina Peralva (1997, p. 15) considera que as idades da vida, embora ancoradas no desenvolvimento biopsíquico dos indivíduos, não são fenômeno puramente natural é mas social e histórico, datado, portanto inseparável do lento processo de constituição da modernidade, do ponto de vista do que ela implicou em termos de ação voluntária sobre os costumes e os comportamentos, ou seja, naquilo que ela teve de intrinsecamente educativo.

Alberto Melucci também se contrapôs à analise da juventude apenas como período transitório. Segundo esse autor a categoria "juventude" deve ser analisada como uma das atuais tendências emergentes, assim sendo a "juventude deixa de ser uma condição biológica e se torna uma definição simbólica. As pessoas não são jovens apenas pela idade, mas porque assumem culturalmente a característica juvenil através da mudança e da transitoriedade" (MELUCCI, 1997, p. 13).

Nesse sentido, interessava-nos compreender como os/as jovens entrevistados/as pensam a si próprios e o ciclo de vida compreendido pela juventude. Vejamos o que as suas narrativas nos dizem.

> Ser jovem é você ter mais liberdade para fazer as coisas, porque quando você é criança você não pode fazer nada. E adulto depende se você é casada, você tem que ficar só preso ou trabalhando, e jovem é mais sair e curtir a vida assim. Quando eu era adolescente eu não podia fazer

> nada quando completei 16 anos comecei a sair (Beatriz, jovem aluna da EJA).
>
> É poder aproveitar a vida, mas tem que ter responsabilidade. Igual tem jovem que sai aí e vai e faz um tanto de coisa aí fuma e usa droga também, mas acho assim ser jovem é bom porque enquanto você é novo você pode aproveitar a vida e fazer tudo o que você quer, mas tem que ter cabeça também para fazer as coisas certas. Porque tem muito jovem por aí rebelde dando trabalho para os pais (Lélia, jovem aluna da EJA).
>
> As melhores coisas de ser jovem é sair, risos, divertir muito e estudar bastante também, aproveitar bastante e ser feliz, ser muito divertido e aproveitar porque vai chegar um tempo que a gente não vai ser mais jovem e a gente vai ter que ter mais responsabilidade com as coisas e levar mais a sério e se divertir também, porque ficar só naquele ato ali trabalhar ai é ruim né? Só pensando nisso também não dá, tem que ter um outro envolvimento para divertir (Milton, jovem aluno da EJA).

Os relatos evidenciam algo que as pesquisas acerca do campo da juventude têm apontando, ou seja, para os jovens, viver a condição juvenil no interior da sociedade brasileira está associado à possibilidade de ter mais liberdade. Para alguns, essa liberdade está ligada ao ato de "sair e curtir a vida", algo que na opinião da jovem Beatriz não poderia ser feito antes, sem a permissão de seus familiares.

A liberdade aparece também como uma possibilidade de autonomia, segundo o depoimento da jovem Lélia. Esta jovem associa a adolescência com o momento em que não podia ser livre para realizar determinadas ações e a vivência da juventude como oportunidade de ser mais livre, porém, com responsabilidade.

A "curtição" é expressa como forma de autonomia e está ligada à possibilidade de não depender totalmente das regras impostas pela família e pelo adulto. Geralmente tanto a família quanto o adulto representam o papel de regulação da vida das crianças, adolescentes e jovens. No entanto, podemos indagar: o que significa curtir a vida para os jovens em situação de pobreza? Até onde a "curtição" e a "liberdade" se relacionam? Um fato é certo: os depoimentos revelam que os entrevistados atribuem o viver a juventude como ser mais donos de si e ter maior liberdade de escolha. Alguns anunciam as implicações de responsabilidade que tal processo acarreta, porém não nos foi possível saber até onde a relação entre liberdade, limites e responsabilidades se realiza na prática.

A execução do trabalho de campo revelou que não basta apenas considerarmos a característica de construção social para refletirmos sobre a juventude. É importante pensar que essa construção não somente é diferente nos diversos contextos como também realiza-se de forma diferenciada. Há aqui o cruzamento das dimensões histórica, cultural, social, política e individual. Dessa forma diferentes identidades juvenis são possíveis, assim como formas diversas da condição juvenil.

> Hoje o alerta inicial é o de que precisamos falar de *juventudes,* no plural, e não de *juventude*, no singular, para não esquecer as diferenças e desigualdades que atravessam esta condição. Esta mudança de alerta revela uma transformação importante na própria noção social: a *juventude*, mesmo que não explicitamente, é reconhecida como condição válida, que faz sentido, para todos os grupos sociais, embora apoiadas sobre situações e significações diferentes. Agora a pergunta é menos sobre a possibilidade ou impossibilidade de viver a juventude, e mais sobre os diferentes modos como tal condição é ou pode ser vivida (ABRAMO, 2005, p. 43-44).

Ao contrário de determinados discursos sociais que tendem a analisar a juventude de forma homogênea ou em torno da "alienação juvenil", a autora referida nos diz que a análise da juventude expressa-se de forma plural, haja vista as especificidades do contexto social brasileiro. Assim sendo, o depoimento da jovem Carolina ressalta outro aspecto de se viver a juventude.

> Ser jovem é ter responsabilidade. Aprendi a ter responsabilidade muito cedo e então eu não sei essa parte assim de brincar, de zoar, sair essas coisas. Só vou ter história para contar [para os meus filhos] assim do que sou da minha cabeça, porque essa coisa de brincar, zoar, ser bagunceiro, viver a vida como se diz "deixa a vida me levar" eu não sei fazer esse tipo de coisa não (Carolina, jovem aluna da EJA).

Responsabilidade, sentimento tão denso para quem se encontra no ciclo de vida atravessado de representações sociais do "ser jovem", que para muitos consiste em "aproveitar a vida" e "zoar". Haveria alguma contradição nisso? Diríamos que não, sobretudo quando analisamos determinada parcela juvenil pobre que, de certa forma, convive desde criança com a imposição de uma maturidade tecida nas duras condições de existência dos setores empobrecidos de nosso país. Dessa forma, os depoimentos em torno de "ser jovem" nos falam de pontos comuns e de singularidades. Isso nos leva a concordar com a afirmação de que estamos diante de "juventudes", perpassadas pela diversidade que "se concretiza nas condições sociais (classes sociais), culturais (etnias, identidades, religiosas, valores), de gênero e também das regiões geográficas, dentre outros aspectos" (DAYRELL, 2005b) e não de um jovem genérico.

O reconhecimento da análise da juventude sob o ponto de vista da diversidade é encontrado ainda nos trabalhos de

CARRANO (2000), CORTI (2004), e SANTOS (2005), dentre outros. Regina Novaes (2006) afirma que em uma sociedade marcada por grandes distâncias sociais as possibilidades de se viver a juventude são desiguais e diferentes.

> Entre os jovens brasileiros de hoje, a desigualdade mais evidente remete à classe social. Esse recorte se explicita claramente na vivência da relação escola/trabalho. A indagação sobre quando e como um jovem começa ou termina de estudar ou trabalhar expõe as fissuras de classe presentes na sociedade brasileira. (...) **Gênero e raça são outros dois recortes que interferem no problema. (...) Ser pobre, mulher e negra ou pobre, homem e branco faz diferença nas possibilidades de "viver a juventude"** (NOVAES, 2006, p. 106, grifos nossos).

Concebemos, desta forma, a juventude como construção social que se realiza de forma diferenciada ao longo do processo histórico e nos diferentes contextos sociais e culturais, que sofre modificações e interferências nos entrecruzamentos com a classe social, o gênero e a raça. A fim de analisar a complexidade da vivência dos jovens pesquisados na sua relação com a diversidade será necessário considerar, além da condição juvenil, a "situação juvenil". Acreditamos que a análise da "situação juvenil" nos permite colocar mais em evidência a especificidade do nosso sujeito de pesquisa, ou seja, o jovem negro, morador de periferias, em processo de escolarização na Educação de Jovens e Adultos.

Mas o que vem a ser "situação juvenil"? Luís Groppo (2007) ressalta que o termo "condição" juvenil diz respeito à forma como a sociedade representa/pensa a juventude e tem relação com os movimentos juvenis que tiveram visibilidade nas diferentes épocas. No entanto, o autor alerta para o fato de que o uso desse termo às vezes uniformiza e esconde as representações acerca da diversidade. Por isso, para este autor, o termo "situação juvenil" seria mais adequado já que se relaciona com diferentes percursos e modos por meio dos quais os jovens vivem a "condição" juvenil de seu tempo. Nesse processo interferem fatores como grupo social, gênero, raça, etnia, idade, escolaridade, religião e territorialidade, dentre outros.

Durante o trabalho de campo e na realização das entrevistas observamos algumas especificidades em torno da vivência da "situação" juvenil, referidas pelo autor acima citado, nas interações e narrativas dos jovens da EJA. Somado a isso, a própria intenção dessa pesquisa, ou seja, compreender os/as jovens alunos/as da EJA, sobretudo os negros, na perspectiva da "diversidade", a partir das singularidades etárias, intergeracionais, socioeconômicas, culturais e, sobretudo das "percepções identitárias étnico-raciais" nos processos de escolarização da EJA nos permite dialogar com os termos "condição" e "situação juvenil".

JOVENS NEGROS DA EJA: RAÇA/ETNIA COMO CONSTRUÇÕES SOCIAIS

O Brasil conviveu com o período de escravidão por mais de 350 anos, sendo um dos últimos países a promover a sua abolição. Nesse processo não foram asseguradas à população negra políticas públicas de inserção social, principalmente naquele momento em que esta se encontrava "liberta".

A partir do advento da República e das mudanças no contexto nacional e internacional, cada vez mais o país perseguiu a construção de uma identidade nacional. No entanto, por mais que o parâmetro de constituição da nação estivesse pautado em um ideal de homogeneidade política, social, cultural e racial, a realidade brasileira que se descortinava era de um país heterogêneo, cultural e racialmente. Nessa complexa busca de identidade nacional, o negro apresentava-se para as elites políticas – e brancas! – como um problema a ser resolvido. Várias foram as tentativas ideológicas e políticas de solução desse "problema", as quais não primaram pela "integração", mas pelo "apagamento", substituição de mão de obra, "branqueamento" e diluição étnico-racial da população.

É nesse processo histórico, político e cultural que a "raça" se desenha como uma construção social, como uma forma de classificação social que recai sobre as pessoas socialmente descendentes de africanos escravizados. Essa descendência vai além dos condicionantes culturais ou étnicos. Ela diz respeito, também, aos sinais diacríticos – acordados na nossa cultura e inscritos na corporeidade dos brasileiros – que remetem as pessoas que os possuem a essa ancestralidade negra e africana.

Uma dentre tantas outras ideologias construídas em torno da raça, que ainda permanece vigorosa e que, de certa forma, rege determinados discursos no interior da sociedade brasileira, consiste na democracia racial[29], em que, aparentemente, as raças convivem em plena harmonia. O que se percebe ainda é que em certas ocasiões a existência ideológica desse "mito" dificulta o avanço das discussões em torno da diversidade étnico-racial, consideradas tão necessárias para que haja de forma efetiva a formulação e a implementação de políticas públicas que atinjam a população afro-brasileira.

Durante o trabalho de campo observamos que o trato com a diferença racial estava presente nas relações cotidianas dos jovens

[29] Dentre tantos estudos já realizados, conferir FREYRE (1999). E uma contraposição ao pensamento ideológico da democracia racial sendo tratado como "mito" pode ser encontrada nos trabalhos de MUNANGA (1999), NASCIMENTO (1980) entre outros.

da EJA e tendia a ocorrer de forma satírica através do humor e da "zoação". Numa conversa entre dois jovens sobre o fim de semana, durante a aula, ouvi o seguinte comentário: "eu vi você ficando com aquela menina pretinha" e imediatamente o jovem rebateu rindo, respondendo: "eu não fico com menina pretinha... eu fico somente com as loirinhas".

O que a princípio parece uma brincadeira, quando colocada no contexto das relações raciais brasileiras, pode nos dar pistas da maneira negativa como o pertencimento étnico-racial ainda é visto em nossa sociedade. Por que será que ao ser abordado como alguém que "ficou" com uma "menina pretinha" o jovem responde com a contraposição de que só "fica" "com meninas loirinhas"?

Na realidade essa conversa informal e descontraída entre os dois jovens pode apontar a maneira como as formas de classificação social reforçam determinados estereótipos raciais no Brasil. Tudo isso em clima de "brincadeira" ou fluidez, uma forma própria com que nosso país construiu o seu discurso sobre a raça no contexto do mito da democracia racial. De acordo com Telles (2003, p. 301-303):

> "o racismo e a discriminação racial existem em todos os países multirraciais; no entanto, os brasileiros criaram seu próprio sistema de relações raciais sendo que as classificações raciais, no caso brasileiro, são especialmente ambíguas ou fluídas".

É nesse sentido que Nilma Gomes (2001) esclarece que é possível trabalhar com a categoria raça, de forma ressignificada, para entender as relações entre negros e brancos no Brasil. Segundo a autora, quando o movimento negro e os/as pesquisadores/as das relações raciais trabalham com o conceito de "raça", eles o ressignificam. Trabalha-se "raça" como uma construção social, histórica e política. Reconhece-se que, do ponto de vista biológico, somos todos iguais, porém, no contexto da cultura, da política e nas relações sociais, a "raça" não pode ser desconsiderada: ela tem uma operacionalidade significativa.

Em conformidade com a autora, Kabengele Munanga (2003) esclarece que o conceito de raça tal como hoje o empregamos nada tem de biológico. É carregado de ideologia, pois, como todas as ideologias, esconde algo não proclamado: a relação de poder e de dominação. Esse mesmo autor nos diz, ainda, que etnia é um conjunto de indivíduos que, histórica ou mitologicamente, têm um ancestral e uma língua em comum, uma mesma religião ou cosmovisão, uma mesma cultura e moram num mesmo território. Levando em consideração a especificidade das relações raciais brasileiras nota-se o quanto o conceito "etnia" é fluido para analisar a complexidade da vivência dos negros no Brasil.

Diante da complexa discussão em torno da categoria que melhor explique a especificidade étnico-racial da população brasileira, Jacques D'Adesky (2001) ressalta quão difícil é apreender o conceito de raça e etnia como categorias de análise. No entanto, o mesmo alerta para o fato de que é importante considerar que no contexto social e simbólico as categorias raciais (ou de cor) passaram a ter vida própria, ou seja, adquiriram operacionalidade na vida social.

> A noção de grupo étnico não se deixa captar com facilidade. Não é possível reter, como elementos exclusivos da definição a existência de um único idioma, de uma única raça, de uma única religião, nem mesmo a existência de um território comum. A realidade é muito mais complexa e reveste-se de formas variadas. A raça, de um ponto de vista simbólico, associa-se, de preferência, com a classificação tradicional de branco, negro e amarelo.

> Mas é também necessário observar que essa associação lexical não é absoluta. Com efeito, as palavras branco, negro, amarelo, enquanto categorias raciais classificatórias têm vida própria (D'ADESKY, 2001, p. 39-47).

No Brasil podemos verificar que o conceito de raça estabelece uma relação direta com a "cor", o que ocasiona determinados conflitos em torno da identificação da população, gerando com isso, muitas vezes, a dificuldade da afirmação identitária étnico-racial. Antônio Sérgio Guimarães (2003) analisa que

> "Cor" não é uma categoria objetiva, cor é uma categoria racial, pois quando se classificam as pessoas como negros, mulatos ou pardos é a idéia de raça que orienta essa forma de classificação. Se pensarmos em "raça" como uma categoria que expressa um modo de classificação baseado na idéia de raça, podemos afirmar que estamos tratando de um conceito sociológico, certamente não realista, no sentido ontológico, pois não reflete algo existente no mundo real, mas um conceito analítico nominalista, no sentido de que se refere a algo que orienta e ordena o discurso sobre a vida social (GUIMARÃES, 2003, p. 103-104).

No decorrer da pesquisa, ao privilegiarmos os jovens negros, optamos por utilizar a autodeclaração dos sujeitos envolvidos por acreditarmos, conforme Petruccelli (2007, p. 111), que

> a predominância contemporânea na utilização da autoidentificação étnica e racial, deixa livre a escolha do entrevistado sua expressão identitária, significa que está se assumindo o caráter eminentemente subjetivo [...] Se trata de uma definição "ativa" da origem, que faz referência a um sentimento de identidade étnica.

A autoidentificação racial foi conseguida por meio das respostas dos questionários aplicados a todos os alunos da EJA. A partir deles e da observação em campo selecionamos os/as jovens negros a serem entrevistados/as.

Cabe ressaltar que a escolha da categoria raça/cor nos questionários provocou alguns debates acalorados bastante interessantes entre os/as alunos/as jovens e adultos que os responderam. Escutei depoimentos como "eu não me considero preto, pois preta é uma cor, eu sou negro!".

Após o recolhimento do questionário percebi que alguns jovens e adultos chegaram até mesmo a riscar a opção "preta", inserindo um novo quadro referente à sua raça/cor "negro". Podemos inferir que tal comportamento aponta para a presença de uma leitura política do pertencimento identitário dos estudantes. A despeito do entendimento do uso das categorias de cor do IBGE, eles responderam de um lugar identitário como negros. Tal situação pode apontar para o alcance da politização da questão racial desenvolvida historicamente pelo movimento negro.

Nesse sentido, Gomes afirma que

> raça e etnia apresentam dimensões diferentes em uma mesma questão. Mesmo que vejamos a população negra como um grupo étnico, não podemos desconsiderar as suas singularidades, as quais remetem à descendência africana, aos padrões físicos e estéticos específicos (GOMES, 2001, p. 91).

O debate teórico e a realidade social brasileira revelam que as categorias "raça" e "etnia" fazem-se presentes nas relações sociais instituídas no interior da sociedade brasileira. Tudo isso se dá em um movimento de afirmação, negação e ressignificação da representação da identidade[30] pelos indivíduos, que pode ser percebido como uma das atuais tendências nas sociedades modernas contemporâneas. Acreditamos que a escola pública, como uma das instituições sociais que exerce o papel de socialização e formação do indivíduo, não pode ficar isenta desse debate.

Diante dos acordos e discordâncias entre o uso de raça ou etnia como categorias de análise que melhor expressem o pertencimento racial dos negros brasileiros, das tensões entre a classificação de cor usada pelo IBGE e a construção da identidade daqueles socialmente classificados como negros, optamos pelo uso da expressão étnico-racial, nessa pesquisa, a fim de nomear e abarcar as diversas formas de ser "jovem negro" e garantir a articulação entre os aspectos culturais de ascendência africana recriados no Brasil e o peso social dos aspectos fenotípicos na classificação de cor e na identidade dos afro-brasileiros. Adotamos, também, o procedimento analítico do IBGE e demais pesquisadores que trabalham com a questão étnico-racial no Brasil para ressaltar os jovens negros da pesquisa, a saber, aqueles que se autoidenficaram nos questionários como sendo pretos e pardos.

A relação entre raça/cor e juventudes

Alguns estudos têm mostrado que a cor da pele desempenha, no Brasil, um importante fator de diferenciação e ou estratificação social (SABOIA, 1998). Em nosso caso interessa compreender a relação entre raça/cor e juventudes. Vejamos os dados

[30] Stuart Hall (2002) analisa esse movimento como uma descentralização do processo identitário submetido a permanentes processos de construção, com forte associação à ideia de pertencimento a uma determinada comunidade, num determinado tempo e espaço.

referentes aos índices de escolarização dos jovens e adultos por raça/cor levantados na escola pesquisada.

TABELA 4
ÍNDICE DE ESCOLARIZAÇÃO POR RAÇA/COR NA ESCOLA PESQUISADA

		Raça/cor				
		Branco	Preto	Pardo	Amarelo	Indígena
Você já parou de estudar alguma vez?	Não	22	16	25	1	3
	Sim	28	29	58	5	2

Fonte: Informações retiradas de questionário aplicado no turno diurno da escola.

Podemos verificar que os/as jovens e adultos alunos/as autodeclarados/as negros (pretos e pardos) apresentam uma trajetória escolar mais acidentada em contraposição aos jovens e adultos que se autodeclararam brancos. Pode-se inferir, disso, que a distorção idade/série, a evasão escolar e o processo de inclusão subalterna têm afetado de maneira mais direta alguns segmentos da escola pesquisada: o segmento negro é um deles.

A esse respeito, José de Souza Martins (1997) considera que nos dias atuais a nova desigualdade social concretiza-se a partir da inclusão subalterna de uma parte significativa da população. O autor prefere adotar esse termo ao invés de exclusão social, pois, para ele, rigorosamente falando, não existe exclusão e sim contradição: existem vítimas de processos sociais, políticos e econômicos excludentes, existe o conflito pelo qual a vítima dos processos excludentes proclama seu inconformismo, seu mal-estar, sua revolta, sua esperança, sua força reivindicativa e sua reivindicação corrosiva (MARTINS, 1997, p. 14).

O estudo desenvolvido por Ricardo Henriques (2001) corrobora a reflexão acima desenvolvida quando o autor afirma que o pertencimento racial tem importância significativa na estruturação das desigualdades sociais e econômicas no Brasil. Em investigação realizada pelo Instituto de Pesquisa Econômica Aplicada (IPEA), as desigualdades raciais são retratadas a partir de indicadores que abrangem a faixa etária, condição de moradia, empregabilidade e educação, dentre outros, sobretudo, no que se refere à situação dos jovens e adultos negros.

De acordo com Henriques (2001), apesar da significativa melhoria nos níveis médios de escolaridade da população brasileira ao longo do século, percebe-se ainda uma situação de desigualdade educacional entre brancos e negros. A pesquisa também constatou que

> 8% dos jovens negros/as entre 15 a 25 anos eram analfabetos, em relação a 3% de brancos; 5% dos jovens negros entre 7 e 13 anos não freqüentaram a escola e somente 2% dos jovens brancos da mesma faixa etária não o fizeram; a escolaridade média de um jovem negro de 25 anos de idade gira em torno de 6,1 anos de estudo, um jovem branco da mesma idade tem cerca de 8,4 anos de estudo.

Portanto, os dados que incidem principalmente na escolarização dos jovens e adultos negros revelam uma profunda desigualdade nas trajetórias de negros e brancos no Brasil.

Em conformidade com essa constatação tendo como base a análise dos dados da Pesquisa Nacional por Amostragem de

Domicílios (Pnad, 2007) e confirmando o que vários/as pesquisadores/as – HASENBALG (1979), PINTO (1992), ROSEMBERG (1998), HASENBALG; SILVA (1999), PETRUCCELLI (2007) – têm apontado: para a caracterização real das desigualdades sociais, econômicas, históricas e culturais brasileiras faz-se necessário desagregarmos o fator raça/cor dos sujeitos envolvidos em nossas pesquisas.

TABELA 5
TAXA DE DISTORÇÃO SÉRIE-IDADE EM %
POR RAÇA OU COR, 2007

Ensino Fundamental		Ensino Médio	
Brancos	24,8	Brancos	34,1
Negros	40,2	Negros	52,7

Fonte: Pnad/IBGE/Ipea Raça negra é composta de pretos e pardos.

Os dados apresentados na tabela acima desagregam a raça/cor dos jovens que encontram-se matriculados tanto no ensino fundamental quanto no ensino médio. Feito isso verifica-se que o déficit relacionado à distorção série-idade ocorre de forma mais acentuada entre os jovens estudantes negros/as em comparação com os/as estudantes brancos/as. Nesse sentido, percebe-se que a cor da pele é um fator muito marcante também quando se trata de comparar os indicadores de inserção dos jovens no sistema educacional (SABOIA, 1998, p. 510).

Numa perspectiva bastante parecida, Rosalina Soares (2006), ao realizar a sua dissertação, buscou analisar o desempenho escolar dos alunos do ensino fundamental a partir da classificação racial, tendo como referência a Avaliação da Educação

Básica (SAEB) – em nível nacional – e o Programa de Educação Básica (PROEB) – em nível estadual – que medem o desempenho cognitivo dos alunos em leitura e matemática. A autora concluiu que o desempenho escolar dos/as alunos/as que se autodeclararam pretos e pardos é pior se comparado aos/às alunos/as brancos/as. Soares (2006) constatou, ainda, que os/as alunos/as autodeclarados "pretos" apresentam os índices de desempenho escolar ainda mais preocupantes em relação aos demais. Com efeito, após a conclusão dessa pesquisa, a autora faz as seguintes considerações.

> O conhecimento de que estas categorias não são neutras, que carregam significados históricos, sociais e culturais que representam a história das relações raciais no Brasil, e que, portanto, são usadas como moeda de troca de negociação social, reconhecendo, neste sentido, que a classificação os coloca frente a um *continuum* de cor, sendo referência da e nas relações inter-pessoais estabelecidas ao longo da vida (SOARES, 2006, p. 129).

Nessa perspectiva, o crescente número de jovens negros/as que se insere atualmente na EJA exige um novo olhar sobre essa modalidade de ensino. Assim, Joana Passos assinala que:

> Estudar a relação entre jovens negros e EJA significa a possibilidade de dar visibilidade a um segmento social que, apesar da discriminação e da exclusão social que sofrem, criando e recriando estratégias para resistir. Significa olhar para uma modalidade de ensino que historicamente tem se traduzido numa política compensatória coadjuvante no combate às situações de extrema pobreza. E, ainda, significa mergulhar na cultura da EJA com seus ritos e suas políticas e na cultura dos jovens negros,

> ouvindo sobre nossas práticas docentes e conhecendo aspectos da história da educação brasileira que têm sido pouco ou nada relatados (PASSOS, 2005, p. 54).

Pode-se inferir que estudar a relação entre jovens negros e EJA implica alguns dos desafios que a modalidade de ensino de Educação de Jovens e Adultos tem de lidar atualmente, isto é, um universo distinto no que diz respeito à especificidade socioeconômica do seu educando/a, a questão geracional, o pertencimento étnico-racial, as vivências culturais e as perspectivas dos seus alunos/as em relação à escola.

A análise do processo de inclusão de forma subalterna e das trajetórias escolares acidentadas nos leva a ponderar que as desigualdades educacionais em nosso país atingem de forma mais significativa a população afro-brasileira. Pode-se verificar que ao serem desagregadas por raça/cor do alunado do ensino fundamental e médio as taxas de distorção série/idade entre os/as jovens negros/as são as piores. Essas informações ainda nos fazem refletir que a resolução dessas desigualdades não se encerra simplesmente na redução das desigualdades socioeconômicas, conforme acreditam determinados setores sociais.

A superação das várias desigualdades exige uma visão mais complexa em torno das formas sobre as quais um conjunto de desigualdades opera – raça, gênero, classe, idade. Exige, também, compreender novas formas e espaços de superação desse estado de coisas. A cultura é um deles. Por meio do movimento de reconhecimento e afirmação da identidade cultural, negros e brancos podem conseguir articular elementos importantes para refletirem sobre as especificidades e a constituição do "sujeito social" na sua diversidade.

Vejamos então de que maneira os/as jovens pesquisados/as percebem-se como negros/as e as possíveis interferências históricas, sociais, culturais, econômicas, educacionais e familiares no processo de construção da sua identidade étnico-racial.

Percepções dos/as jovens acerca da identidade étnico-racial

De forma geral, para os/as jovens o pertencimento étnico-racial tem uma significativa relação com as formas de classificação social atribuídas aos sujeitos dos diversos grupos étnico-raciais em nossa sociedade. Elas estão relacionadas com a atribuição de valor dada às nuances de cor dos sujeitos e nem sempre a percepção construída socialmente sobre as mesmas é positiva. Aliás é nítida, a partir dos depoimentos, a tensão e as ambiguidades que esses e essas jovens enfrentam na relação entre classificação de raça/cor e o processo de construção da sua identidade étnico-racial.

> É que todo mundo fala né, que eu colocava negra e todo mundo falava que não tinha nada a ver, essa coisa ai porque eu gosto da minha cor, mas eles falavam que não, um dia que fui fazer uma entrevista, foi com o homem lá, ele falou que não tinha nada a ver que minha cor era parda. É (risos) ele que estava definindo a minha cor. Acho que sou negra, mas é que todo mundo fala que sou parda, todo mundo... Ah porque eu curto assim de ser o que eu sou, porque foi do jeito que eu nasci (Beatriz, jovem aluna da EJA).

> Ah não sei por que não tenho a cor definida assim, a minha cor pelo menos não sei se é preto se sou morena, se sou parda então eu coloquei parda [no questionário]. Porque morena não sei se sou morena se sou branca, risos, então acho que para mim é parda, que não está definida a cor acho que é isso. [A cor] Interfere! Em alguns

> casos interfere ainda mais em pessoas da pele negra. Tem muita gente preconceituosa o emprego e essas coisas assim porque não sei desses negócios de porcentagens igual a faculdade a maioria você pode ver são pessoas claras, são poucas as pessoas que têm a pele negra não sei se é pouca oportunidade que têm essas pessoas, não sei se é a cor, acho que é muito preconceito com as pessoas da pele [...] é da cor negra (Carolina, jovem aluna da EJA).

O conflito vivido pelas jovens da EJA entre o entendimento do pertencimento étnico-racial e a classificação de raça/cor, tendo em vista a tonalidade da cor da pele, é algo recorrente no interior da sociedade brasileira, pois classificar é introduzir distinções, similitudes e oposições, um processo cognitivo que torna possíveis a cultura, a linguagem e, por conseguinte, a vida em sociedade (OSÓRIO, 2003). O problema não está com as classificações em si, mas com a sua hierarquização no contexto das relações de poder, reforçando as desigualdades e construindo oportunidades desiguais. No seu depoimento a jovem Carolina reconhece as poucas oportunidades de acesso da população negra, seja ao mercado de trabalho, seja à faculdade, como fruto do preconceito racial vigente ainda hoje.

Para o jovem Clóvis a percepção da sua identidade étnico-racial emergiu através da situação vivida na adolescência. A princípio ele avaliava que não tinha oportunidades por ser pobre e morador da favela. Hoje ele considera que havia também uma interferência do pertencimento racial.

> Eu jogava em um time de futebol, mas só que foi passando o tempo fui jogando, jogando e o treinador levava os meninos para fazerem o teste ai eu pensava porque ele leva esses meninos e não está me levando? (...) Então ai,

> eu já parei de jogar bola no time, passei a jogar só na quadra mesmo junto com os meus colegas da favela lugar onde moro e preferi ficar dentro de casa, ai, a minha mãe comprou um vídeo game e foi a melhor coisa que ela comprou para mim. **Acho que foi um preconceito racial também sempre quis ser um jogador de futebol, mas não me deram oportunidade. Para falar a verdade, agora eu não ligo muito para isso, mas antigamente eu ligava mais tarde você para e pensa o por quê? Só por causa da raça branca daquelas pessoas que vinham para o campo, mas que saíam de um apartamento ou de uma mansão? Para mim era realidade ver isso** (Clóvis, jovem aluno da EJA, grifos nossos).

Não cabe aqui discutir os motivos que levaram o treinador a não incluir o jovem Clóvis no time de futebol. O que nos chamou atenção no relato acima é a reflexão sobre as poucas possibilidades de inserção social da juventude negra, já apontadas no decorrer deste trabalho. Fatores como moradia, origem social, condições econômicas e pertencimento racial, na percepção de Clóvis, operaram de forma conjunta e negativa nesta inserção. Clóvis exterioriza de forma mais acentuada a sua indignação de como a origem socioeconômica e racial interferem de forma significativa nas relações sociais instituídas no interior da nossa sociedade e como, em sua opinião, afetaram a sua trajetória. Entender o enredamento dessas questões presentes na vida de um jovem negro a ponto de virem à tona no depoimento sobre o seu pertencimento étnico-racial é um desafio para o pesquisador que se debruça sobre a discussão, sobre as relações entre raça e juventude. Estamos desafiados a entender a complexidade da existência e a influência de tais fatores na condição e situação juvenis.

Vejamos o que os depoimentos de outros/as jovens negros/as nos revelaram.

> Ah, que eu sou negra mesmo né, eu assumo que eu sou negra e essa construção identitária ocorreu na família. [Já sofreu preconceito por ser jovem negra] Já sofri preconceito por ser negra. **Na escola mesmo, quando eu era pequena eu já sofri me lembro que foi a questão de apelido eu era pequena mesmo criança, ai não sabe o que está fazendo... Ah fiquei chateada né, ainda mais eu que era pequena tinha uns quatro anos ai eu contava tudo para minha mãe risos, e ai minha mãe foi lá na escola a professora ficava sem saber o que fazer os professores ficam sem saber o que fazer, eles não sabem como reagir na hora. Mas é coisa de criança ai fez o menino me pedir desculpas essas coisas assim que professor faz, pede na hora** (Lélia, jovem aluna da EJA, grifos nossos).

> **A minha mãe sempre ensinou que o preto é uma cor, e a nossa raça é negra.** Tanto que a minha irmã é muito mais clara do que eu e está estudando na França e ela assina como negra, ela podia colocar eu sou clara, entendeu porque a minha família tem uma mistura total. **Foi a minha mãe e o meu pai porque me lembro que quando entrei no colégio Batista falei oh mãe só que tenho a cor diferente e a minha mãe veio e conversou comigo, sabe, ficou falando comigo, não é por causa da cor da sua pele que você não vai ser alguém, e conversou mesmo comigo eu era pequeno ainda e me lembro disso tinha quatro anos, quando entrei lá e acho que é desde daí que então eu nunca tive problema nenhum nunca, nunca e nunca** (Solano, jovem aluno da EJA, grifos nossos).

Fica evidente nos depoimentos o importante lugar ocupado pela família no processo de constituição da identidade étnico-racial, sobretudo no reconhecimento da mãe como a principal interlocutora frente a determinadas situações de preconceitos e discriminações raciais enfrentadas na escola. A figura materna configura-se como uma presença forte nas mais diversas sociedades. No caso do Brasil, tem sido recorrente a percepção da figura da mãe como central na vida dos jovens, principalmente os jovens pobres. É sabido que a mãe também é forte nas sociedades africanas. Para além de análises psicanalíticas que podem ser feitas sobre o fenômeno, que não está presente somente na vivência dos setores pobres da população, indagamos se não há, aqui elementos para uma futura pesquisa que possa analisar a força simbólica da figura materna como um dos elementos culturais africanos recriados no Brasil e presentes, sobretudo, nos setores populares e negros.

É interessante observar que Lélia e Solano recorrem a lembranças, memórias e vivências da infância na escola a fim de situar as suas percepções identitárias juvenis negras hoje. Esse fato nos leva a ponderar que o processo de construção da identidade étnico-racial da criança negra, geralmente no interior das famílias negras, se dá de forma extremamente tensa e tortuosa, configurando-se no movimento de afirmação e/ou negação. A família destaca-se, dessa forma, como a matriz principal no processo de construção da identidade negra (GOMES, 1995).

A esse respeito, Cynthia Sarti (2004, p. 124) nos fala sobre a importância da família para o jovem no que se refere à constituição da sua identidade, de seus valores sociais, culturais e simbólicos, entre outros, haja vista que a escola ainda constitui um espaço em que os/as jovens se sentem pouco à vontade para debater esse e outros assuntos no cotidiano da sala de aula. Portanto, o processo de constituição da identidade étnico-racial do/a jovem negro/a consiste quase em um desafio individual, uma vez que as referências sociais, culturais, financeiras e simbólicas, principalmente dos/as jovens negros/as moradores/as de periferia parecem contribuir de forma limitada para uma experiência de valorização da identidade negra.

As implicações da vivência da situação juvenil negra na EJA

Constatamos que algumas das implicações de ser jovem negro e negra, a partir dos depoimentos de cada um dos/as jovens da pesquisa, dizem respeito a situações específicas enfrentadas no seu cotidiano, nas suas trajetórias e experiências de vida. Essas situações são norteadas pelas seguintes características: a condição socioeconômica, os preconceitos sociais e raciais e as mais diversas situações "limite" que o/a jovem negro/a morador de periferia dos grandes centros urbanos vivencia todos os dias no seu cotidiano.

> Eu parei [de estudar] foi porque teve uma época que tive dificuldade em casa mesmo, problema na família e ai eu parei aconteceu alguma coisa comigo que eu bloqueei fiquei em casa mesmo não tinha vontade mais de estudar. Depois optei por voltar, depois que comecei a trabalhar eu voltei a estudar é por isso. Acho que tem pouca oportunidade de emprego ainda, principalmente para quem não tem experiência se eles não derem oportunidade à pessoa não vai aprender não vai ter aquela experiência, então o que está faltando é a oportunidade, emprego até tem, mas se não tiver aquela experiência não adianta ter estudo, porque tem gente que está pedindo mais com experiência, mas para ter experiência hoje você precisa ter oportunidade, o que falta é oportunidade (Carolina, jovem aluna da EJA).

> Entrar no mercado de trabalho, porque assim a sociedade exige muita coisa dos jovens hoje exige muita coisa da gente e para gente conseguir um emprego ai eles pedem experiência, mas a gente não tem experiência nenhuma então eu acho que é isso a sociedade impõe muitas coisas assim para os jovens e assim a gente tem que conseguir muitas coisas melhor, um emprego bom né, eu acho isso (Lélia, jovem aluna da EJA).

A inserção no mercado de trabalho é um dos problemas que mais preocupa as jovens Carolina e Lélia e, conforme vimos, 54,9% dos jovens de 18 a 24 anos na escola não exercem qualquer atividade remunerada. As pesquisas sobre juventude e trabalho apontam que a busca pelo primeiro emprego e a entrada no mercado constituem, de forma geral, as principais preocupações da população juvenil brasileira. A exigência da escolaridade como um dos requisitos básicos para a inserção no mercado de trabalho foi o que motivou as jovens a retornarem à escolarização na modalidade de ensino da EJA. Apesar da trajetória escolar acidentada, Carolina e Lélia acreditam que a educação é ainda um dos poucos caminhos possíveis de acesso dos/as jovens ao mercado de trabalho, que se encontra cada vez mais competitivo. Ambas acabam reproduzindo o discurso sobre o caráter integrador entre escola e mercado de trabalho veiculado por esta própria instituição, pelos órgãos oficiais e pela mídia. Um discurso que muitas vezes é feito de forma ingênua e, em outras, intencional e ideológica e que não leva em consideração que o mercado de trabalho possui outros mecanismos e critérios de seleção e exclusão ainda mais duros que ultrapassam o certificado de conclusão da escolarização básica e superior. Estes estão relacionados com o acirramento da desigualdade social, da exclusão social e étnico-racial que permeia o padrão de trabalho instituído em nossa sociedade.

Lamentavelmente, até mesmo os educadores acabam incorrendo nesse mesmo discurso.

O fato de não estarem integrados no mercado formal de trabalho não significa que os jovens negros da pesquisa não se relacionem com o mundo do trabalho. O trabalho é uma experiência comum para os jovens pobres e negros, porém não na forma de realização e de direito social como a escola costuma apregoar. Ele geralmente surge de forma precoce em suas vidas, entremeado na informalidade, nos "bicos". Essa situação persiste, inclusive, para muitos que a duras penas conseguem concluir a escola básica, mesmo que para isso tenham que adotar a EJA como estratégia de formação. Dessa forma, "compreender a juventude em nosso país exige também um olhar sobre a sua relação com o mundo do trabalho, suas experiências e condições de trabalho" (LEÃO, 2007).

A denúncia segundo a qual "ser jovem, negro e morador de favela não é fácil, pois existem pessoas muito preconceituosas" foi recorrentemente enfatizada na pesquisa, sobretudo pelos jovens Milton e Clóvis.

Fátima Cecchetto e Simone Monteiro (2006) nos dizem que se, por um lado homens jovens negros e pobres, em geral, são mais vigiados e perseguidos nos espaços públicos, por outro os moradores de favelas e dos aglomerados dos grandes centros urbanos recorrentemente denunciam a situação de discriminação que ocorre quando precisam indicar o endereço em lojas ou para emprego, ou seja, a territorialidade, nesse caso, é considerada um fator restritivo.

Regina Novaes (2008) tem estudado também a discriminação por endereço, porque pelo Brasil afora há favelas, conjuntos habitacionais e periferias que expõem particularmente os jovens à violência e à corrupção dos traficantes e da polícia.

Assim sendo, apenas por morar nessas áreas pobres e de risco os jovens tornam-se suspeitos e criminosos em potencial.

> Há ainda outras desigualdades que se expressam particularmente na vida urbana. No Brasil, e pelo mundo afora, existem hoje jovens que são vistos com preconceito por morarem em áreas pobres classificadas como violentas. Com diversos nomes, topografias e histórias, as periferias são – via de regra – marcadas pela presença das armas de fogo. São elas que sustentam tanto a tirania do narcotráfico quanto a truculência policial. A resposta à pergunta "onde você mora?" pode ser decisiva na trajetória de vida de um jovem. A "discriminação por endereço" restringe o acesso à educação, ao trabalho e ao lazer dos jovens que vivem nas favelas e comunidades caracterizadas pela precária presença (ou ausência) do poder público (NOVAES, 2008, p. 1-2).

Sobre esse aspecto o depoimento do jovem Clóvis ressalta uma outra implicação relacionada à sua vivência juvenil negra.

> Acho que é a criminalidade. [Sobre o uso de drogas] Com os filhos de papai está até pior no caso aqui todo dia nessa escola, isso acontece não é só com nós da periferia. Mas eu acho que se a polícia chegar ali e vê o filho de papaizinho passa e finge que não está olhando ou para e conversa se for com o favelado ai o caso é outro, os policiais já chegam batendo ou até matando porque muitos casos se a pessoa está fumando eles são capazes até de matar. E porque não leva esses policiais presos também? Em muitos casos as mães da periferia falam, reúnem e conversam, mas quando vão falar com os policiais eles acham que as mulheres estão erradas, porque

> eles estão fazendo o papel deles e, com certeza estão fazendo o papel, mas só que alguns deles têm violado, e as mães que estão ali sofrendo olhando os seus filhos morrerem, então isso para mim tem que mudar muito (Clóvis, jovem aluno da EJA).

O sentimento de impunidade expresso no relato desse jovem encontra-se multiplicado no discurso social da população, de uma forma geral. O jovem aponta a escola, a família e até mesmo a polícia como possíveis responsáveis pelo o aumento da criminalidade. Entretanto, no nosso entender mais importante do que encontrar o culpado é analisar os problemas gerados por essa situação, sobretudo sobre a população juvenil negra. A esse respeito, Luiz Eduardo nos diz que "como tudo no Brasil, também a vitimização letal se distribui de forma desigual são, sobretudo os jovens pobres e negros, do sexo masculino, entre 15 e 24 anos, que têm pago com a vida o preço da nossa insensatez coletiva" (SOARES, 2004, p. 130).

Os dados encontrados no mapa de violência por armas de fogo no Brasil demonstram que 92% da vítima de homicídio geralmente é jovem do sexo masculino e a taxa de homicídio é 73% maior entre negros do que entre a população branca (SUWWAN, 2007). O jovem Clóvis tem razão, portanto, em denunciar a maior exposição a que a juventude negra encontra-se submetida frente à violência urbana.

Dentre os jovens entrevistados, Solano é aquele que apresenta uma situação socioeconômica mais estável. Nesse sentido, a vivência de sua situação juvenil negra apresenta especificidades quando comparada com a dos outros colegas. Segundo o próprio jovem, a sua condição socioeconômica o coloca diante de determinadas situações sociais para as quais ele seria uns dos poucos negros a vivenciá-las. A sua condição social, cultural, educacional e econômica criou oportunidades que a sua família lhe possibilitou acessar.

> Estudei no Batista é um colégio evangélico o diretor era amigo do meu pai e nunca sofri nada disso [Discriminação racial], então eu não ligo, mas todo mundo ficou assim assustado quando a minha irmã foi para a França, todo mundo ficou assim nossa ela, mas no Brasil existe racismo muito ainda e em alguns lugares, mas eu nunca sofri nada não (Solano, jovem aluno da EJA).

O depoimento nos faz refletir sobre a raça/cor, a questão socioeconômica e a aceitação social através das relações instituídas entre os sujeitos negros e brancos nos diferentes espaços e instituições sociais. Solano reconhece a existência do racismo e considera que a sociedade ainda não se encontra preparada para realizar um debate de forma mais contundente a respeito da inclusão de negros/as que ascenderam socialmente. Assim sendo, é possível que ele esteja menos exposto a situações de preconceito racial do que os seus colegas negros e pobres da EJA, o que não significa que esteja isento de sofrê-lo, sobretudo vivendo no contexto do racismo brasileiro. Embora não possamos afirmar, mas concordando com estudos já realizados, é possível também que a negação de que nunca tenha sofrido preconceito racial possa se constituir em uma possível estratégia de não enfrentamento dessa situação.

Acreditamos que o contexto socioeconômico e cultural no qual cada jovem se insere limita ou amplia as suas reais possibilidades de percepção da identidade étnico-racial. No caso do jovem Solano foi o contato com o outro – jovens, negros/as, alunos/as pobres presentes na modalidade de ensino da EJA – que despertou o interesse em compreender a realidade social vivida por esses/as sujeitos.

> **Acho meio complicado lidar com a situação de conviver com pessoas de vários níveis sociais.** Nenhum professor até hoje não falou nada sobre alguma obra social ou coisa assim nunca tocou nem no assunto. **Eu, por exemplo, morro de curiosidade de conhecer uma favela, risos, sério mesmo tenho curiosidade, se alguém me chamar um dia eu vou, tenho maior curiosidade para conhecer, eu não ligo não.** Eu acho legal, porque são pessoas como qualquer uma outra, mas só que acho que os adolescentes hoje em dia que moram na favela estão fazendo disso como se fosse uma coisa que eles pudessem se refugiar e fazer as coisas que não deviam (Solano, jovem aluno da EJA, grifos nossos).

A pesquisa de Marilane Costa (2006) ajuda-nos a situar algumas das implicações vivenciadas pelo jovem Solano. A autora buscou identificar os valores sociais e a consciência política que eram atribuídos/as pelos/as jovens negros/as oriundos da pequena burguesia cuiabana e considera que:

> Os/as jovens negros/as e/ou afrodescendentes se reconhecem como negros, mas têm dificuldades de assumir que já foram discriminados. [...] Aqueles que possuem em sua trajetória alguma ligação com os movimentos populares conseguem compreender-se melhor na sociedade em que vivem e posicionar-se de forma mais politizada quanto às questões de classe social e etnicidade. [...] Os demais sujeitos são conscientes de sua condição de classe social, mas, no que diz respeito à sua condição racial, realizam ações assistencialistas e individuais, não compreendendo o significado de ações mais políticas e coletivas (COSTA, 2006, p. 203).

É importante destacar que os depoimentos dos entrevistados revelam não somente questões ligadas à vivência da situação juvenil negra. Essa situação específica articula-se a outras questões mais gerais próprias da condição juvenil, a saber: viver o agora, consumir determinados bens, dar continuidade aos estudos e a realizar seus projetos de vida.

Com todas as ambiguidades presentes no discurso dos/as jovens entrevistados/as sobre o seu pertencimento étnico-racial, eles/as consideram que seria importante que o estudo sobre a questão racial ocorresse de forma geral, na escola e, em específico, na modalidade de ensino da EJA. Esse reconhecimento pode nos dizer algo de um lugar identitário. Uma identidade que, mesmo sendo forjada em meio a referências diversas – etárias, socioeconômicas, familiares, de gênero – sente e anuncia o lugar da ausência do negro, sua história, sua ancestralidade e sua cultura como parte do processo educativo. E, nesse caso, os jovens analisam essa lacuna na proposta educativa da EJA que frequentam. A pergunta é: e as outras propostas de EJA? Lidam ou não pedagogicamente com a questão racial como uma discussão importante na formação dos sujeitos que a elas têm acesso?

> Noutra escola que eu já estudei [Sobre a questão racial] foi até em Ipatinga e no Instituto de Educação também teve alguns trabalhos falando sobre o racismo, o preconceito essas coisas assim. Aqui na EJA não teve ainda não eu acho importante sim, dentro das escolas tem que estudar mais isso, eu acho que os professores podiam fazer trabalho, sei lá, falando sobre o preconceito e a discriminação racial no Brasil (Lélia, jovem aluna da EJA).

> [A escola já desenvolveu algum trabalho voltado à questão racial] Não dos anos que estudo aqui nunca falou

> e acho que a escola deveria estar fazendo esse trabalho para aquelas pessoas que fazem seus racismos parem e pensem de acusar as pessoas da raça negra. Para mim esse trabalho aqui na escola já era para ter sido feito e não foi feito até hoje (Clóvis, jovem aluno da EJA).
>
> [A escola já desenvolveu algum trabalho voltado à questão racial] Não desde o ano passado que estudo aqui nunca tocaram no assunto acho que as pessoas ficam um pouco com medo de tocar nesse assunto por acharem que vai ofender para mim não ofende, sinceramente não ligo. Seria legal se a escola debatesse isso porque agora que estão liberando as faculdades né para pessoas negras (Solano, jovem aluno da EJA).

A pesquisa revela que nos processos de escolarização da EJA aprendizados étnico-raciais, de gênero e juvenis são construídos e apreendidos pelos sujeitos juntamente com os chamados "conteúdos" escolares. Diante disso algumas questões, que pretendemos discutir a seguir, encontram-se em aberto: como são estabelecidas as relações entre os/as jovens alunos/as negros/as e os demais sujeitos inseridos no cotidiano da sala de aula? Quais são as expectativas, os sonhos, os desejos, as trajetórias e as histórias de vida vivenciados por eles/as a partir dos encontros e desencontros na escola?

CAPÍTULO

3

DAS SITUAÇÕES DE APRENDIZAGENS ESCOLARES DA EJA ÀS PERCEPÇÕES IDENTITÁRIAS ÉTNICO-RACIAIS JUVENIS

> Ah, para mim a cor não muda nada, mas como sempre tem o preconceito, só falei que sou preto é porque realmente eu sou né, mas em relação à convivência muda muito as coisas tem gente que relata muito a cor, fala da cor. Moro na favela e sou preto ai eu acho que tem. Para todo mundo, para as pessoas lá embaixo, mora lá na favela ele é preto (Milton, jovem aluno da EJA).

O COTIDIANO DA SALA DE AULA: ENTRE OS SABERES DE REFERÊNCIA E OS SABERES DA EXPERIÊNCIA[31]

A aproximação aos jovens negros da escola pesquisada deu-se a partir da observação das interações que ocorriam no cotidiano escolar. Acreditamos que o diálogo com a sociologia do cotidiano nos possibilita o entendimento dos diversos fenômenos sociais inseridos numa trama social complexa em

[31] Bernard Charlot (2000) entende que a relação com o saber é a relação com o mundo, com o outro, e com ele mesmo, de um sujeito confrontado com a necessidade de aprender. Assim, Charlot acredita que a experiência escolar é a maneira que os atores, individuais ou coletivos, combinam as diversas lógicas da ação que estruturam o mundo escolar.

que são constituídos valores, regras, identidades e papéis sociais e não apenas como simples fatos de uma mera repetição de rotina escolar.

José de Souza Martins (1998) considera que o interesse sociológico pela vida cotidiana tem resultado diretamente do refluxo das esperanças da humanidade num mundo novo de justiça, de liberdade e de igualdade. Parece simples, mas é assim mesmo que a progressiva constituição da vida cotidiana como objeto de conhecimento da sociologia tem sido justificada.

De acordo ainda com a perspectiva sociológica da vida cotidiana, os sujeitos estão constantemente em processo de negociação no que se refere à representação[32] dos vários papéis sociais nas diferentes circunstâncias da vida às quais se encontram submetidos. Conforme vimos anteriormente, no interior da sala de aula o/a jovem negocia o seu papel social de aluno/a constantemente com seu/sua professor/a. Em contrapartida, esse/a professor/a negocia com esse/a jovem aluno/a a todo instante o seu papel social docente.

Nesse sentido pude verificar que o cotidiano da sala de aula é interativo e algumas pessoas – na sua maioria os jovens alunos – introduzem um ritmo diferenciado nas rotinas escolares. Em contrapartida o/a professor/a, ao se deparar com a situação do rejuvenescimento da EJA, emite um discurso coercitivo cobrando uma postura mais responsável e "adulta" desses jovens alunos. Durante o trabalho de campo observamos que tal discurso não é levado muito a sério por estes alunos.

[32] De acordo com Erving Goffman (1975, p. 25) quando um indivíduo desempenha um papel, implicitamente solicita de seus observadores que levem a sério a impressão sustentada perante eles. Pede-lhes para acreditarem que o personagem que veem no momento possui os atributos que aparenta possuir, que o papel que representa terá as consequências implicitamente pretendidas por ele e que, de um modo geral, as coisas são o que parecem ser.

> Agora por se tratar do ensino médio exige mais *responsabilidade* por parte de vocês [jovens alunos] logo vocês irão se deparar também com as exigências do mercado de trabalho, e essa bagunça não condiz com a organização nem do mercado de trabalho nem da instituição escolar (Julieta, professora da EJA).

José Machado Pais (2003) ressalta que a importância social de analisar o cotidiano consiste em compreender as vivências sociais que nele ocorrem e o convertem de um vazio em algo com significado sociológico.

> Olhando a realidade social na perspectiva do quotidiano, podemos observar como as representações sociais aparecem, entre os indivíduos, como fios sociais que por eles passam e que eles tecem, mas que não nasceram neles nem podem ser consideradas sua propriedade. Mas é também na vida quotidiana que os indivíduos, através das suas condutas comportamentais, se conformam ou não às representações sociais, gerindo ou rejeitando, alimentando, no dia a dia, a sua vigência (PAIS, 2003, p. 126).

Nessa perspectiva podemos indagar de forma mais profunda o cotidiano da escola. Constatou-se que a interação entre os grupos etários na sala de aula ocorre a partir da regulação do comportamento das atitudes juvenis realizada por parte dos adultos alunos/as que pretendem tutelar, juntamente com os/as professores/as, a "disciplina" no cotidiano escolar. Não foram poucas as vezes que escutei a seguinte afirmação dos adultos alunos: "muitos dos jovens aqui presentes não aproveitam o tempo, pois quando eles chegarem na nossa idade com toda certeza eles irão se arrepender".

Essa fala também pode carregar outros significados. Ela pode expressar o reconhecimento dos adultos em relação aos limites a eles interpostos por um processo de escolarização que os excluiu do seu direito à escola. Em uma sociedade que valoriza cada vez mais a certificação escolar, inclusive em ocupações profissionais subalternas para as quais os conhecimentos escolares interferem muito pouco, ser um adulto com escolarização inconclusa não é uma situação fácil. O sentimento de "urgência", de recuperação do tempo perdido vivido por aqueles que são hoje adultos e não completaram a sua escolarização gera uma grande expectativa diante da escola quando a esta eles retornam. Essa expectativa geralmente é alimentada por uma supervalorização do papel da escola reforçada pelo mercado, pela mídia e, em muitos aspectos, pela própria EJA, sobretudo quando esta escolariza-se de forma extremada e passa a privilegiar os conteúdos em detrimento da vivência do tempo da vida adulta e juvenil. Tudo se dá de forma complexa no cotidiano da experiência escolar da EJA.

Ao investigar as especificidades do cotidiano da escola da EJA, estas e outras questões vêm à tona. É nesse sentido que Marli André (1992, p. 29) discute a necessidade de se fazer um esforço para construir teoricamente a categoria "cotidiano escolar". Segundo a autora vários estudos referem-se ao cotidiano escolar como mero local de coleta de dados, sem muita preocupação com seu significado mais profundo. No entendimento ainda dessa autora:

> Investigar as especificidades do cotidiano da escola é tarefa das mais urgentes. Precisamos tentar responder a questões como: O que caracteriza a vida escolar cotidiana? Que elementos são específicos da instituição escolar, isto é, só aparecem na escola? Como esses elementos específicos se articulam – ou não – com outras esferas da vida cotidiana? Pensando no caminho a ser seguido para que se efetive tal construção, consideramos que os pesquisadores precisam, antes

> de tudo, estar atentos para não limitar a descrição do que se passa no dia-a-dia escolar à sua manifestação primeira, ao concreto aparente. **Precisam, em vez disso, tentar ir bem fundo na análise dos elementos que compõem esse cotidiano, questionando suas origens, seu significado, suas limitações e principalmente suas vinculações aos objetivos sócio-políticos e econômicos que os determinam naquele momento histórico** (ANDRÉ, 1992, p. 32, grifos nossos).

O cotidiano escolar realiza-se em tempos e espaços específicos, nos quais os sujeitos da escola vivenciam sua experiência escolar e a ela atribuem significados e sentidos. Destacaremos, portanto, a interferência do espaço e do tempo junto à formação de juventudes através de vivência "no" e "do" cotidiano da EJA.

O tempo e o espaço das juventudes no cotidiano da modalidade de ensino da EJA

O entendimento das categorias tempo e espaço nos ajudou a perceber como as diferentes faixas etárias relacionam-se na EJA. As categorias de tempo e espaço foram tratadas como construtos socioculturais capazes de interferir na formação humana através da relação entre os sujeitos e as instituições, pois consideramos que "os tempos das interações dos sujeitos com seus espaços, suas trajetórias, suas histórias e suas contradições podem e devem ser também os tempos 'da' e 'na' escola" (FISCHER, 2004, p. 37).

Guacira Louro (2002) analisou as categorias de tempo e espaço como "construções sociais", elementos que são inventados e reinventados pelas sociedades e que, portanto, transformam-se e transformam os sujeitos. Essa autora nos diz ainda que

> Difícil é pensar o tempo como uma construção ou invenção e não como um "fluxo objetivo". [...] O tempo é uma "relação", supõe uma construção social que se transforma historicamente e que é aprendida pelos sujeitos. Seu controle e medição estão estreitamente ligados ao poder social. **O espaço não é um "cenário", mas é parte da trama, é um constituidor dos sujeitos. As divisões que nele se estabelecem, o que se constrói** e o que se faz vazio, os caminhos que se abrem e os muros que se edificam, o que se põe perto ou longe, vizinho ou estrangeiro, os lugares que se estabelecem para os sujeitos, os móveis e objetos que se lhes destinam, por onde se permite ou se proíbe ir – soa criações que se transformam, que se ajustam à necessidade e interesses mutantes, que servem a alguns e não a outros, que implicam relações de poder (LOURO, 2002, p. 120-121, grifos nossos).

Não obstante, conforme já foi visto, a institucionalização da escola moderna revela estratégia de apropriação/imposição de formas de pensamento, de sensibilidades, enfim, de representações em torno de espaços e de tempos próprios (FARIA FILHO, 2000).

Assim, percebi que o cotidiano da sala de aula acontece através de diferentes temporalidades vividas e experimentadas pelos/as jovens e adultos, que ressignificam esse espaço a cada novo dia em que coabitam marcas identitárias, diferentes territorialidades geográficas e simbólicas, pertenças sociais, diferentes formas de se expressar, formas de se relacionar, gênero. Enfim, a modalidade de ensino da EJA constitui-se em um espaço educativo, formativo e socializador em que os conteúdos de aprendizagens escolares poderiam ser apenas os fios condutores.

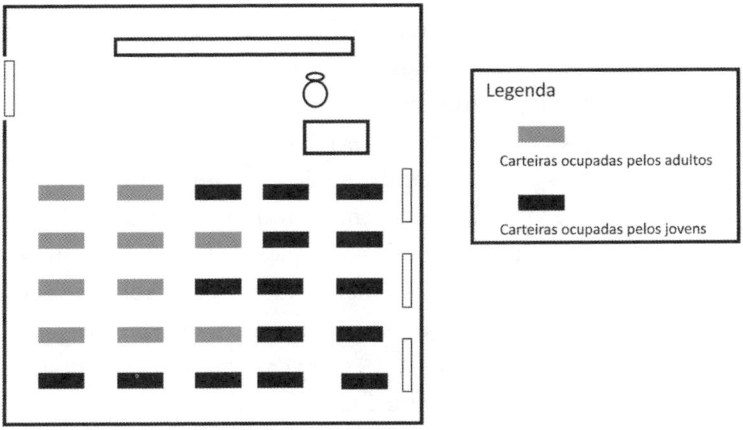

Figura 1: Diagrama da organização de ocupação do espaço da sala de aula pelo alunado.
Extraído do Diário de campo, 24/03/2008.

Conforme vemos, a ocupação dos/as jovens e adultos alunos/as nos seus respectivos lugares reflete, de certa forma, como são instituídas as relações intergeracionais na sala de aula. Cabe ressaltar que a organização espacial descrita no diagrama não significa que as relações entre os/as jovens e adultos alunos/as sejam concebidas de forma rígida, em que nenhum dos grupos etários se misture. Entretanto o que aqui se pretende destacar é que a configuração que se pode verificar no espaço da sala de aula aparentemente é uma reprodução da sociedade, ou seja, as marcas de intolerâncias, os conflitos geracionais e em muitos casos a ausência de diálogo entre os/as jovens e os/as adultos.

> Enquanto faço as anotações no diário de campo escuto alguns adultos chamando a atenção do jovem aluno por causa da conversa durante a aula. Nesse instante o jovem

> aluno responde para uma aluna adulta da seguinte maneira "cala boca seus velhos esse lugar não é exclusivo de vocês, não!" Nesse instante, outros jovens alunos repudiam a atitude desse jovem – alguns deles consideram que ele está errado por falar dessa forma, logo em seguida o professor também não concorda com a atitude por esse jovem tomada, entretanto, bate o sinal do intervalo e esse jovem continua zoando os/as adultos alunos/as. E então escuto de alguns alunos/as adultos a seguinte afirmação: "esses jovens não querem saber de nada sério aqui na escola, eles só vêm para brincar e atrapalhar a gente que está a fim de estudar" (Diário de campo, 12/02/2008).

A questão que se coloca é se os conflitos de ordem geracional na EJA fazem parte do cotidiano da escola pesquisada, por que razão essa discussão não se tornou um dos eixos do projeto político pedagógico da escola? Por que a EJA não repensa os tempos e espaços escolares, as atividades cotidianas e a própria distribuição espacial dos alunos por meio de atividades em que as duas gerações possam se encontrar para partilhar experiências ou realizar trocas em relação aos conteúdos? O diagrama da organização espacial da sala de aula (que remete a uma distribuição muito frequente durante todos os dias da observação em campo) expressa a pouca intervenção espacial no interior da sala de aula como um local em que se cruzam múltiplos tempos.

O cenário espacial e temporal que é instituído através do cotidiano escolar revela, diante disso, a necessidade do reconhecimento de que, de fato, "na escola se cruzam muitos tempos. Os tempos dos mestres e dos alunos. Ainda os tempos das professoras e dos professores, os tempos da infância, da adolescência, da juventude e da vida adulta" (ARROYO, 2004, p. 209). Esse mesmo autor nos diz ainda que:

> Independentemente da diversidade cultural dos alunos e alunas, de suas condições socioculturais, da diversidade dos processos de socialização, das diferenças de gênero, raça, classe social, toda criança e adolescente terá de dominar nos mesmos tempos médios as mesmas habilidades e saberes. Se dominar no tempo previsto 60% dos conteúdos merecerá ser aprovado, se menos será reprovado. Lógica temporal vem sendo reduzida a tempos cada vez mais curtos. Os conteúdos são predefinidos para serem ensinados e aprendidos em semanas e bimestres. Essa lógica temporal é dicotômica. Separa a pluralidade dos processos de aprendizagem e de socialização. Separa o tempo de alfabetizar e matematizar do tempo de educação artística, física, de biblioteca, de educação de sexualidade...; separa o tempo administrativo do pedagógico, o tempo de ensinar e de recuperar, o tempo de capacitação e de trabalho, o tempo cognitivo e o tempo cultural, o tempo de transmitir e o tempo de avaliar. Separa o profissional docente do educador (ARROYO, 2004, p. 191-195).

Em conformidade com estas ideias, concebemos que o tempo da juventude na EJA se faz enquanto tempo social produzido historicamente num contexto cultural e histórico. Entender o tempo e o espaço na EJA significa analisá-los como tempos plurais. Compreendendo que há especificidades entre os tempos escolares e o tempo vivido pelos/as educandos/as da EJA, uma vez que os tempos vividos não guardam correspondência absoluta com os tempos medidos, torna-se cada vez mais necessário para lidar com o tempo subjetivo da existência humana (SILVA, 2005). As relações espacial e temporal com o cotidiano na modalidade de ensino da EJA se dá de forma diferenciada entre os jovens e adultos.

É no tempo e espaço da EJA que os/as jovens negros/as pesquisados/as realizam parte da sua condição e situação juvenis. A situação juvenil negra daqueles que residem em grandes centros urbanos nos remete às seguintes indagações: como os espaços da cidade são apropriados por esses e essas jovens? Será que a inserção social dos/as jovens negros/as nos espaços públicos se dá da mesma forma que os/as jovens brancos? Nesse sentido, durante o trabalho de campo, tendo como referencial a observação "etnográfica do espaço"[33], às vezes fazia questão de acompanhar determinados grupos de jovens negros no seu trajeto até a escola.

Verifiquei que no percurso compreendido entre a periferia e a escola a presença corporal juvenil negra nos espaços públicos é percebida de forma diferente. A inserção do corpo negro no interior da sociedade brasileira traz consigo a marca da diferença que, diante dos olhos do "outro", remete ao passado histórico, social e cultural da população negra marcado por desigualdades, exclusões e resistências. Um corpo que vai além da história pessoal do sujeito que o possui. O que nos leva a ponderar que o tratamento social no que se refere à "diferença"

---

[33] Segundo Magnani (2005) "os circuitos de jovens" é o ponto de partida para a abordagem dos jovens nos grandes centros urbanos. Em vez da ênfase na condição de "jovens", que supostamente remete a diversidade de manifestações a um denominador comum, a ideia é privilegiar sua inserção na paisagem urbana por meio da etnografia dos espaços por onde circulam, onde estão seus pontos de encontro e ocasiões de conflito, e os parceiros com quem estabelecem relações de troca. A noção de circuito também designa um uso do espaço e dos equipamentos urbanos – possibilitando, por conseguinte, o exercício da sociabilidade por meio de encontros, comunicação, manejo de códigos –, porém de forma mais independente com relação ao espaço, sem se ater à contiguidade. Ele tem, igualmente, existência objetiva e observável: pode ser identificado, descrito e localizado.

no interior da nossa sociedade muitas vezes se dá de forma estigmatizada (LE BRETON, 2007). Esse autor nos diz ainda que:

> A diferença é transformada em estigma. O corpo estrangeiro torna-se corpo estranho. A presença do Outro se resume à presença de seu corpo: ele é seu corpo. A anatomia é seu destino. O corpo não é mais moldado pela história pessoal do ator numa dada sociedade, mas ao contrário, aos olhos do racista, são as condições de existência do homem que são os produtos inalteráveis de seu corpo. O ser do homem corresponde ao único desenvolvimento de sua anatomia. O homem nada mais é que um artefato da aparência física, do corpo imaginário ao qual a raça dá nome (LE BRETON, 2007, p. 72-73).

Nesse percurso observava, às vezes, em determinadas circunstâncias, que algumas pessoas que transitavam perto dos/as jovens na região da Savassi – perto da localização da escola e considerada um bairro nobre de BH – seguravam as suas bolsas de forma mais acentuada sem perceberem que se tratava de jovens alunos/as a caminho da escola. Observar os/as jovens negros/as através do "circuito" de suas casas até a escola possibilitou refletir sobre a representação social que incide sobre o corpo negro, uma vez que este corpo é, ao mesmo tempo, físico e construção cultural, já que sabemos que a materialidade do corpo não pode ser dissociada de um substrato sociocultural. O corpo físico é a base dos nossos sentidos e da nossa apreciação do mundo (GOMES, 2002).

É esse corpo juvenil negro que dialoga com os corpos adultos tanto no espaço da EJA quanto nos espaços extraescolares. Um corpo a partir do qual os/as jovens negros/as compreendem os processos de escolarização da EJA por eles vividos e atribuem significados e sentidos aos mesmos.

Relações intergeracionais na EJA: as possibilidades e os desafios

Apesar de alguns jovens e adultos tentarem constituir uma relação amistosa no interior da sala de aula e nos outros espaços da escola, percebe-se que os grupos de amizade geralmente são organizados por faixa etária. E, sobretudo, os jovens aproximam-se a partir de grupos de "afinidades eletivas", ou seja, a escolha de amizade dos jovens está pautada na preferência ou atração recíproca por certas ideias ou pensamentos, conduzindo a determinadas formas de interação (BARBOSA, 2007).

Patrícia Parreiras (2007) entende que a fase de vida dos alunos exige da EJA demandas educativas específicas, características diferenciadas de aprendizado, práticas adequadas de trabalho e representações também distintas acerca da idade cronológica. Como já foi visto, para os/as jovens a escola transcende a aquisição de conhecimentos ou novas conquistas intelectuais. Os significados e sentidos atribuídos aos processos de escolarização estão relacionados ao desejo de conquistas pessoais e profissionais, à construção da sua autoimagem e ao fortalecimento dos vínculos de sociabilidade.

De acordo com a concepção dos/as alunos/as adultos, os jovens deveriam assumir a condição de "aluno/adulto/maduro", pois estar na escola é a oportunidade de recuperação do tempo perdido, a possibilidade de acessar o mercado de trabalho que "logicamente exige das pessoas atitudes sérias e responsáveis"! Em contrapartida, os/as jovens alunos/as identificam que a presença dos adultos altera o ritmo do processo de ensino e aprendizagem na sala de aula e consideram que o tempo de aprendizagem não é mais intenso devido à presença dos mesmos e às dificuldades de alguns no acompanhamento da aula e na compreensão dos conteúdos.

> O povo já é tudo adulto ai eles não aguentam ficar com muita coisa na cabeça então acho que o ensino é mais fraco, para eles dá conta de tudo, acho que eles não dão conta não (Solano, jovem aluno da EJA).

A esse respeito Valéria Leonço (2007) acredita que a experiência é a mais rica fonte para o adulto aprender, por isso o centro da metodologia da educação do adulto é a análise das suas próprias experiências.

> O que é um ensino para jovens inseridos num universo adulto, por vezes, tão diferenciado –, que, excluído do ensino para "criança e jovens", busca resgatar, de forma muitas vezes acelerada, aquilo que não apreendeu ou não lhe foi possibilitado aprender (LEONÇO, 2007, p. 109).

Ao estudarmos o campo sócio-histórico da EJA notamos que desde a sua origem essa modalidade surgiu voltada para o público adulto. Percebe-se ainda hoje, de forma geral, uma relação mais próxima dos docentes que atuam na EJA com o alunado adulto do que com os/as jovens alunos/as. A representação que se tem da EJA está muito mais voltada para o mundo adulto que por diversos motivos teve negado o direito à escola regular sem interrupções. Não foram poucos os relatos em que alguns professores/as apontaram a preferência de realização do trabalho com o alunado adulto na EJA em detrimento dos jovens. Estes últimos são sempre associados com "bagunça" e "zoação". Tal situação é percebida pelo jovem Milton.

> **Dentro de sala a preferência não é nossa, a preferência é dos mais velhos. Porque não era para a gente estar**

> **lá e ai vai haver um preconceito que sempre tem né.** Para os professores os mais velhos têm mais cabeça e responsabilidade e geralmente tem, mas nem sempre é o que eles pensam que a maioria dos jovens apronta e faz bagunça (Milton, jovem aluno da EJA, grifos nossos).

Esse depoimento nos leva a ponderar que a possibilidade de desenvolver um trabalho educativo que considere a presença das diferentes faixas etárias no cotidiano da sala de aula, sobretudo da EJA, consiste em mais um dos atuais desafios desse campo educativo e modalidade de ensino. Superar a sensação de estar sempre "fora do lugar", vivida pelos jovens da EJA deveria ser uma preocupação educativa e merece uma intervenção pedagógica no que se refere às relações intergeracionais produzidas no interior das salas de aula de EJA em muitos lugares do nosso país.

Os jovens percebem essas tensões e têm opiniões sobre as mesmas. De um modo geral percebem a sensação de incômodo que a sua presença acarreta no cotidiano da sala de aula da EJA e, de certa forma, anunciam que reconhecem que ambos – adultos e jovens – encontram-se em momentos e temporalidades da vida diferenciadas e com interesses distintos.

> **Acho interessante, estudar pessoas jovens e adultas, você pode aprender com eles e eles também com a gente, então eu acho legal.** Agora tem uns adultos que não combinam muito com os meninos, porque eles sempre brigam com os meninos, eu já percebi também que alguns se dão bem sim, eu acho que depende muito também da pessoa tem gente que gosta de ficar mais na dela lá, quietinha, acho que vai mais da pessoa (Lélia, jovem aluna da EJA, grifos nossos).

O jovem gosta mais de brincar daquelas brincadeiras, já os adultos vem para estudar para aprender o que elas perderam para recuperar agora e tem o seu jeito de pensar. Pelo jeito dos adultos pensar e agir é diferente daquela década que eles viveram para agora e hoje os jovens têm um modo de pensar diferente das pessoas de antigamente. **A relação entre os jovens e os adultos na sala? Pouquíssima, porque você vê aqueles meninos todos juntos as senhoras perdem a paciência né, hoje mesmo uma delas deu graças a Deus por um jovem ter ido embora risos,** porque não dá! Tem pessoas que estão ali para estudar e os outros estão para mim para atrapalhar. Deveria separar os jovens, mas eu optaria ficar com as pessoas mais velhas as que eu mais identifico me identifico com as pessoas mais adultas (Carolina, jovem aluna da EJA, grifos nossos).

Acho complicado, pelo fato dos adultos serem mais velhos eles não aceitam certo tipo de brincadeira como os meninos fazem e às vezes muita conversação, por exemplo, eu não gosto de muita conversação atrás de mim quando estou prestando atenção, não gosto, no intervalo beleza pode conversar, mas na hora da aula acho meio falta de respeito e por isso não rola. Tinha que ter uma sala para as pessoas adultas e outra para os meninos. [Os jovens e os adultos se misturam?] Acho que não, pelo menos na sala não, acho que só os meninos lá os jovens conversam mesmo e o resto fica lá do outro lado, de vez em quando que rola uma conversinha assim. É tem até briga, eu fiquei sabendo que teve até briga, risos, com a senhora lá, achei desrespeito, acho que deveria separar (Solano, jovem aluno da EJA, grifos nossos).

Os depoimentos revelam que alguns jovens consideram positivamente a possibilidade de se escolarizarem juntamente com o adulto. Para eles a tensão intergeracional ocasionada na sala de aula ocorre devido ao fato de que os jovens brincam demais. Em contrapartida, os adultos assumem uma postura mais séria diante do processo de escolarização. Sandra Tosta (2005) esclarece que, de forma geral, os jovens entendem a escola como o lugar de fazer amigos e, isto é fundamental, ela também não é reprovada por eles ou negada como lugar de aprendizagem, de formação de valores, de possibilidade de mudança.

> Tenho bastante amigos na escola. E significam o amanhã porque é mais um incentivo para o estudo também. Acho assim amanhã vou ao colégio, ah também vou ver os meus amigos e isso é um incentivo também então é bom ter amigos no colégio para você ter mais um incentivo para estudar né, porque assim você sozinho também não dá conta tem que ter gente para lhe ajudar e acho que é o amigo é incentivo (Milton, jovem aluno da EJA).

As pesquisas acerca do campo da juventude e da escola apontam que o caminho de repressão das formas de sociabilidades juvenis no ambiente escolar não tem levado a resultados interessantes. Isso nos revela que a busca de "diálogo com o mundo juvenil" e o entendimento das diferentes sociabilidades juvenis no cotidiano escolar configuram-se como o campo da possibilidades de construção de novos significados e sentidos para a escolarização de juventudes.

Como uma possível forma de resolução dos conflitos acarretados a partir das relações intergeracionais, alguns jovens consideram que a enturmação dos alunos deveria ser de acordo com a faixa etária. Entretanto, de acordo com a opinião de outros jovens, a possibilidade de se escolarizarem juntamente com as pessoas adultas serve como referência para a continuidade dos estudos.

> Acho que a escola devia separar, colocar os jovens com os mais jovens e os adultos com os mais adultos, **mas isso também é um meio do jovem olhar os adultos do lado e ter mais responsabilidade, pensar bem se colocou os adultos ali como referência de responsabilidade isso é para a gente refletir se os adultos estão ali e voltaram a estudar e estou aqui dando o maior mole nessa idade** (Milton, jovem aluno da EJA, grifos nossos).

A sugestão de Milton caminha na perspectiva de algumas experiências de ciclos de formação na Educação Básica: formar turmas de acordos com as temporalidades humanas, com os pares de idade, o que não inviabiliza momentos em que os grupos se misturem e façam atividades conjuntas. É interessante notar que o jovem, ao sugerir que as gerações se encontrem, o faz com um apelo moral: "ter mais responsabilidade", "refletir se os adultos estão ali e voltaram a estudar e estou aqui dando o maior mole nessa idade". Significados e sentidos de "punição" atribuídos à EJA.

Mas será que tal organização por pares de idade seria a ideal para a EJA? Ou as respostas até agora encontradas escondem uma realidade de exclusão? A juvenilização da EJA exige medidas mais contundentes sobre a permanência e o direito da juventude no ensino médio regular. A presença juvenil na EJA aponta a desigualdade no acesso ao direito do jovem ao tempo de escola regular. Coloca questões para o ensino médio. Trata-se de um direito que tem sido negado historicamente, pois a própria existência da EJA escolar e dos adultos que a ela recorrem remetem à história de negação do direito à escola para a juventude popular (e também negra), que no passado foi excluída da escola. Por isso a EJA precisa ser entendida como tempo de direitos. Ela deveria ser mais do que escolarização, pois os adultos deveriam vivenciar processos pedagógicos adequados à sua temporalidade humana e não adaptações da lógica da escola regular a um grupo de adultos (e pessoas da 3ª idade) trabalhadores, aposentados ou desempregados que retornam à escola.

Podemos constatar que a relação intergeracional estabelecida entre os "sujeitos" envolvidos no processo de ensino e aprendizagem na modalidade de ensino da EJA se dá de forma ambígua e tensa, em que uma parte significativa do alunado jovem não reconhece a EJA como sendo o espaço da juventude. Esse posicionamento é reforçado, às vezes, por meio de determinadas posturas assumidas pelos adultos que têm no imaginário a representação da juventude alienada, irresponsável e desordeira.

> Considero professor que você deve ficar escandalizado ao observar esses jovens aqui na nossa sala. Os jovens aqui estão querendo somente brincar, não levam nada a sério e ainda atrapalham a gente estudar. Conheço jovem aqui que brincou o ano inteiro e conseguiu ainda ser aprovado no ano passado eu não concordo com isso não. Para mim, a escola deveria colocar esses jovens numa sala diferente da gente adulto, ou senão deixar na nossa sala aqueles jovens que estão interessados em estudar e não esses desordeiros que perturbam o tempo todo (Diário de campo, depoimento de um adulto aluno, 28/05/2008).

As reflexões desenvolvidas por Carrano (2007) assinalam que ainda hoje as escolas têm se apresentado como instituições pouco abertas para a criação de espaços e situações que favoreçam experiências de sociabilidade, solidariedade, debates públicos e atividades culturais e formativas de natureza curricular ou extraescolar. O que podemos concluir é que estamos perdendo a possibilidade de investimento de "formação humana", em que os diferentes tempos de vida se entrecruzam no mesmo espaço, carregados de acúmulos ou de inovação de experiências de vida desses "sujeitos".

> A preocupação com os jovens na EJA está, em grande medida, relacionada com a evidência empírica que eles e elas já constituem fenômeno estatístico significativo nas diversas classes de EJA e, em muitas circunstâncias, representam a maioria ou quase totalidade dos alunos em sala de aula. Entretanto, para além da dimensão quantitativa expressa pela presença cada vez mais significativa desses jovens, parece haver certo ar de perplexidade – e, em alguns casos, de incômodo revelado – frente a sujeitos que emitem sinais pouco compreensíveis e parecem habitar mundos culturais reconhecidos por alguns professores como social e culturalmente pouco produtivos para o desafio da escolarização (CARRANO, 2007, p. 55).

A discussão sobre as relações intergeracionais na EJA significa, portanto, refletir sobre a possibilidade que o rejuvenescimento nos apresenta, ou seja, cotidianamente, no mesmo espaço e tempo da sala de aula, entrecruzam-se experiências e vivências compreendidas pelos diferentes ciclos de vida – jovem e adulto. Entretanto, durante o período de campo, percebi que esse fato ainda não foi capaz de proporcionar ações educativas de forma efetiva com vista a potencializar essas diferentes temporalidades. Como um possível resultado do pouco diálogo entre jovem e adulto na

EJA, as relações instituídas por esses sujeitos dá-se muitas vezes de forma pouco amistosas e respeitosas de ambas as partes.

Apropriando da ideia desenvolvida por Carrano (2007) no que se refere à emissão de sinais poucos compreensíveis pelos jovens e reconhecidos por alguns professores, discutiremos a seguir, sob o ponto de vista dos/as jovens negros/as entrevistados/as, alguns dos significados e sentidos atribuídos às relações educativas estabelecidas entre os/as jovens e os/as professores/as nos processos de escolarização da EJA.

Educação de Adultos ou Educação de Jovens e Adultos? Os significados e sentidos atribuídos pelos jovens negros aos processos de escolarização da EJA

A presença de jovens negros na EJA precisa ser problematizada para além do discurso de "garantia do direito à escolarização". Levando-se em consideração as desigualdades sociais, raciais e educacionais, só o fato de encontrarmos esses sujeitos compondo, de forma maciça, os bancos escolares da EJA é revelador de que os processos de exclusão escolar vividos pelos jovens, sobretudo os pobres, no ensino médio afetam de forma mais incisiva um determinado grupo étnico-racial. As pesquisas sobre as desigualdades educacionais por raça/cor do alunado apontadas no segundo capítulo deste trabalho são fortes comprovações dessa situação.

Elegendo os jovens negros como sujeitos privilegiados desta pesquisa, buscamos compreender os significados e sentidos por eles atribuídos à escolarização da EJA a partir de alguns temas que se destacaram no trabalho de campo: a comparação entre EJA e ensino médio regular, o perfil socioeconômico diversificado dos jovens, a relação educativa entre jovens alunos e docentes e os sentidos invisíveis, embora presentes, nos processos de escolarização da EJA.

Os jovens entrevistados realizam uma constante comparação entre a modalidade de ensino da EJA e o ensino regular. De certa forma o alunado considera fraco o ensino que lhes é oferecido agora.

> Eu nunca tinha parado de estudar. E também é para recuperar o que eu tinha tomado bomba. Eu estou tentando recuperar, logo, logo (risos). A minha mãe fala para mim que eu é que tenho que escolher o curso na faculdade, mas ela deseja que eu estude. Ela quer que pelo menos eu lá em casa seja alguém na vida, pelo menos um dos filhos dela (Beatriz, jovem aluna da EJA).

> O Instituto de Educação tem um ensino muito bom né, porque lá eles preparam os alunos para entrar mesmo na faculdade. É porque eu acho assim: se você tiver rendimento bom na escola que você estuda, se você aprendeu mesmo nessa escola, então no vestibular você também vai conseguir alguma coisa, agora se você não tem base nenhuma, aí com certeza você não vai conseguir nada. Saindo daqui você pode até tentar fazer o vestibular, mas não vai passar. Acho que primeiro vai ter de fazer um cursinho para depois passar (Lélia, jovem aluna da EJA).

> O ensino aqui é diferente, porque estudei no Colégio Batista desde o maternal. Aí tive que sair na oitava no meio ano a minha mãe pegou e me tirou por que para ela "estava pagando colégio para eu não estudar" aí saí de lá e fui para o Pedro II e tomei duas bombas no Batista e uma na Pedro II ai vim para cá, porque aqui eu pulo de ano mais rápido. Eu quero fazer faculdade o curso de moda. A minha irmã mora na França.

> Vou fazer lá, mas o ensino anterior era ótimo, aprendi muito mais coisa do que aqui, e agora (Solano, jovem aluno da EJA).

Os relatos nos revelam que a visão do jovem sobre o processo de escolarização na EJA é diferente daquela construída pelo adulto, devido ao momento da vida e expectativa de futuro de ambos. No caso específico dos jovens negros, as pesquisas apontam que a modalidade de ensino da EJA geralmente é a última possibilidade para a conclusão de sua escolaridade e possível entrada no curso superior. A jovem Beatriz projeta na sua trajetória de escolarização a expectativa familiar de ingressar na faculdade para que "pelo menos eu lá em casa seja alguém na vida". Expectativa essa que também pode ser verificada nos depoimentos de outros/as jovens.

Os depoimentos de Beatriz, Lélia e Solano apontam também para os resultados obtidos na pesquisa por mim realizada quando da conclusão da monografia de graduação de Silva (2007). Nesse trabalho, ao entrevistar as professoras que atuam na EJA, pecebi que as demandas apresentadas pelos/as jovens em sala de aula são consideradas desafiadoras para o exercício da prática docente: as críticas e questionamentos ao processo de ensino-aprendizagem da EJA, a cobrança de um ensino que possibilite o acesso à universidade, os planos e os desejos de futuro de que a juventude é portadora.

> Eu vou falar a verdade não vinha bom nos estudos nas escolas que estudava era muito difícil, então aí eu perguntei para a minha mãe se podia vir estudar nessa escola da EJA porque que era a oportunidade que eu ia me formar mais rápido e podia aparecer às vezes um emprego para mim. E como já vinha me dedicando aos estudos em 2005 para cá já comecei a me firmar, eu não

> queria o supletivo, mas como era uma oportunidade para eu seguir em frente. Gostaria de fazer a faculdade o curso de educação física. Para mim seria ótimo é uma opção minha, porque mais tarde estarei dando exemplo para os meus filhos. E com certeza os meus filhos vão está prosseguindo a arrancada que dei na minha idade (Clóvis, jovem aluno da EJA).

Chamou bastante nossa atenção a associação entre "serei alguém na vida" e a certificação como um dos poucos caminhos capazes de garantir, na visão dos/as jovens negros/as, as oportunidades reais de ascensão social e dignidade de vida.

> Eu não tinha opção, porque tomei pau lá nas outras escolas que estudei e aí fiquei sem opção e tive que vir para cá. **E foi o meu único meio de estudar tive que vir para cá de qualquer jeito. Senão eu iria ficar sem estudar e eu não posso ficar sem estudar.** A EJA é meio devagar, né e se eu voltar para o outro colégio acho que ainda eu tomo bomba (risos). Por isso, o estudo é meio fraco na EJA, mas a gente tem que estudar a gente tem que levar. Foi decisão própria porque quando estudava lá no colégio anterior eu não estudava simplesmente fazia bagunça e tudo mais só que foi passando o tempo e fiquei um ano sem estudar então me toquei que tinha que estudar **porque estava muito novo ainda e tive que tomar uma decisão por mim mesmo tive que voltar a estudar porque senão não vai para frente. Pretendo formar e fazer vestibular, ser alguém na vida** (Milton, jovem aluno da EJA, grifos nossos).

Este depoimento instiga-nos os seguintes questionamentos: será que os jovens retiram essa opinião negativa da EJA somente da vivência da experiência escolar? Será que a experiência recente e não bem sucedida na escola regular não funciona como um parâmetro do seu olhar sobre a EJA como paliativa ou alternativa possível? O fato de estudarem em uma escola cuja rotina, organização e cultura é voltada para o mundo adulto faz com que desvalorizem a própria experiência educativa por eles vivenciada na EJA? De certa forma o que percebi é que os/as jovens expressam uma determinada incompreensão da proposta pedagógica da EJA na escola pesquisada. Além disso, não fica muito claro se a própria EJA explicita para seus alunos adultos e jovens qual é, na realidade, a sua proposta pedagógica. Somado a isso, o pouco diálogo junto ao alunado adulto e de alguns professores/as tende a contribuir para que os/as jovens desvalorizem a experiência vivenciada no processo de escolarização da EJA.

O perfil dos jovens da EJA investigada é diverso. Além de jovens de camadas populares, negros e brancos, a escola atende também jovens de classe média. O jovem Solano identifica a presença de jovens de classe média na escola. Ele considera que esses jovens inserem-se na EJA pelo simples fato de não arcar com as despesas de supletivo e a obtenção do certificado. Uma vez atingida essa meta, de acordo com a sua opinião, os familiares desses jovens investirão recursos financeiros em cursos preparatórios pré-vestibulares para a entrada na universidade.

> Eu conversava com algumas pessoas e assim o pai maior rico e empresário, a mãe de uma amiga minha é até estilista e elas tiraram os seus filhos do colégio e vieram estudar aqui pelo fato de tomarem bomba e pelo fato de mexer com droga e não querer nada com a vida então a mãe jogou aqui. Se vira! A EJA tem pessoas que são pobres que estudam aqui e querem aprender mesmo e têm pessoas que tem dinheiro de alto nível e que não querem

> nada com a vida, acho que é uma mistura até engraçada né, assim as pessoas assim do nível mais baixo acho que elas aprendem mais do que os meninos que tem o nível mais elevado e pode algum dia se tornarem pessoas também do nível elevado né, acho que temos essas misturas aqui de classe (Solano, jovem aluno da EJA).

De acordo com Solano "os filhos da elite vieram estudar aqui pelo fato de tomarem bomba e mexerem com droga e não querem nada com a vida". Esse fato reflete de certa forma a representação social que temos sobre o espaço público. Ao longo de nossa recente história podemos identificar que a ocupação dos espaços públicos deu-se de forma ambígua, marcada pelo descomprometimento. Consideramos que, no caso específico da modalidade de ensino da EJA, a inserção de jovens de classe média nos processos de escolarização merece ser mais bem discutida com os/as demais jovens e adultos da escola. A esse respeito ainda, os jovens apresentam uma postura bastante contundente sobre a presença de jovens brancos da classe média na EJA.

> O número está muito grande de jovens brancos lá no colégio porque de tanto eles falarem que o jovem negro não tem muita oportunidade são eles que estão caindo para baixo e estão pegando nossa oportunidade de estar lá crescendo então eles perdem lá a parte deles e vem correndo para nossa. É falta de interesse não sabe abraçar a oportunidade e não faz direito, acha que está tudo mastigado já. Para eles já é tudo fácil porque hoje em dia o papel vale mais, o dinheiro vale mais, então para eles não faz diferença nenhuma se eles estão estudando ou não, mas estão ali tomando conta do espaço ali de quem quer estudar né, para eles é mais fácil é

> tudo mastigado e justamente por causa do dinheiro, o dinheiro hoje em dia compra tudo (Milton, jovem aluno da EJA).

Milton é perspicaz ao perceber a desigualdade de classe e raça e as oportunidades desiguais entre brancos e negros e entre pobres e camadas médias. Ele critica o fato de jovens da classe média usarem a escola pública como estratégia para encurtar um percurso escolar mal sucedido. Só essa ação utilitária já mostra como essa classe desprestigia a educação pública e como, nesses momentos em que as oportunidades do direito à educação são desiguais, o jovem pobre acaba sendo ainda mais prejudicado, ou seja, a presença de jovens da classe média compromete a inserção de jovens e adultos pobres que almejam uma vaga na EJA. Cabe ressaltar que não houve nenhum comentário por parte dos profissionais da educação, durante o período em que me encontrava na escola, sobre a presença de jovens de classe média no processo de escolarização da EJA.

O fator socioeconômico, entretanto, não passa despercebido, uma vez que atravessa tanto as relações pessoais instituídas pelo alunado da EJA quanto a sua permanência na escola. Neste sentido, um número significativo de jovens e adultos que estuda na escola reside distante da mesma, tendo com isso um considerável custo financeiro. Para aqueles que não estão trabalhando resta, muitas vezes, como única opção, deslocarem-se a pé.

Levando em consideração as expectativas dos/as jovens da pesquisa com relação à escolarização da EJA fica evidenciado, a princípio, que os principais significados e sentidos visíveis (ou explícitos) por eles atribuídos aos processos de escolarização consistem na aceleração de idade/série escolar e na obtenção do diploma para disputar as melhores chances de inserção no mercado de trabalho e demais oportunidades na vida. No entanto, para os adultos alunos/as essa meta ocorre de forma mais intensa, uma vez que eles consideram que o tempo cada vez mais vai se "estreitando".

> No momento em que a professora está passando os exercícios no quadro percebi que a turma encontra-se bastante agitada. Então fiquei sabendo, através de uma jovem aluna, que logo após essa aula será a aula de educação física. Os jovens encontram-se ansiosos para jogar o futebol, entretanto, escuto alguns adultos comentarem que detestam essa aula, ou seja, para eles aula de educação física é uma perda de tempo! Segundo alguns adultos alunos/as o que interessa são as aulas de português, matemática, física, etc., pois serão essas matérias que irão precisar futuramente (Diário de campo, 06/03/2008).

Existem, portanto, outras dimensões formativas que integram as expectativas juvenis e que, de certa forma, são mais valorizadas e apresentam-se dotadas de mais sentido para os jovens, tais como o constante processo de elaboração de sua identidade, o fortalecimento dos vínculos de amizades, a valorização da experiência da vida no presente e o questionamento acerca das escolhas intrínsecas nessa fase da vida. Estas acabam, às vezes, sendo censuradas pelo universo "adulto" presente na EJA, os quais têm o seu olhar muito focado na aprendizagem dos conteúdos escolares.

> Ser jovem na EJA, portanto, é conversar, experimentar, viver o agora, é acessar os bens materiais de consumo tecnológicos e sociais. Ter uma boa aparência física e vestuário, é estar bem apresentado com tênis de marca,

> camisa chamativa, boné e bermuda colorida (meninos) e roupas sensuais (meninas), e nessa diversidade juvenil se fazem presentes os *punks*, *skatistas*, pagodeiros, evangélicos, católicos, a moçada do rock, do rap e do funk. Ser jovem negro pobre na EJA é enfrentar situações sociais, financeiras e culturais limites que muitas vezes inviabilizam o deslocamento pela cidade, o acesso às baladas, a inserção social de forma mais efetiva, o acesso a determinados bens culturais e a vivência do preconceito e discriminação, seja de origem étnico-racial, seja de classe social. A curiosidade é algo intrínseco ao jovem, sobretudo se determinados conteúdos escolares se aproximam de fatos vividos em sua realidade. A formação de grupos de afinidades é algo perceptível, pois se organizam por idade, sexo, origem social e familiar, entre outros (Diário de campo, 26/02/2008).

RELAÇÕES EDUCATIVAS NA EJA: ENTRE O DIÁLOGO E O DESEMPENHO DOCENTE

Para os/as jovens, a relação educativa instituída com os/as professores/as é fundamental no processo de aprendizagem. Percebi que, em alguns casos, a predisposição do/da jovem aluno/a a prestar atenção à aula ministrada depende da relação e da empatia entre ambos. Não foram poucos os momentos que presenciei a mudança de comportamento dos/das mesmos/as jovens alunos/as entre uma aula e outra. Comportamento justificado da seguinte maneira por Milton.

> Existe o relacionamento entre o bom professor e o bom aluno porque se for um mau professor e um mau aluno nunca vão ter um relacionamento muito bom. Aquele mau

> professor sempre vai chegar e falar nunca vai olhar e dar atenção, e aquele mau aluno nunca vai aprender daquele mau professor e vai se tornar um mau professor para ele, porque ele é um mau aluno (Milton, jovem aluno da EJA).

Acreditamos que a relação educativa estabelecida entre o/a professor/a e o/a jovem e adulto é outro aspecto a ser objeto de reflexão em torno dos significados e sentidos dos processos de escolarização da EJA. Como nos disse Paulo Freire (2007), por si só o homem é um ser constituído de relações.

> Entendemos que, para o homem, o mundo é uma realidade objetiva, independente dele, possível de ser conhecida, em que não apenas está, mas *com* a qual se defronta. Daí, o ser de relações que é ele, e não só de contatos. Porque está *com* esta realidade, na qual se acha, é que se relaciona com ela. As relações que trava com essa e nessa realidade (relações pessoais, impessoais, corpóreas, incorpóreas) apresentam uma ordem tal de conotações que as distinguem totalmente dos puros *contatos*, característicos da outra esfera animal. Por isso mesmo o conceito de *relações*, da esfera puramente humana, guarda em si conotações de pluralidade, de transcendência, de criticidade, de conseqüência, e de temporalidade (FREIRE, 2007, p.47).

A relação educativa surge nos relatos dos/as jovens alunos/as quando fazem a distinção entre o bom e o mau professor/a, sendo que esse perfil é apontado por eles/as, sobretudo através das experiências de convívio no cotidiano da sala de aula. Percebi que a postura docente, ou seja, o desempenho do/a professor/a frente ao conteúdo de sua disciplina e as relações estabelecidas em outros espaços extra-escolares, são capazes de influenciar a elaboração dessa relação educativa junto ao alunado.

O bom professor é aquele que chega na sala e sempre dá um bom dia ou boa tarde ou boa noite conversa um pouco com o aluno e não se preocupa em apenas em dar as matérias apenas e agora você se vira. Na escola que a minha amiga estuda o professor chega passa a matéria no quadro e nem olha para cara dos alunos e fala: vocês se viram! Como é que o aluno aprende? Esse é um exemplo de um mau professor (Solano, jovem aluno da EJA).

O bom professor para mim é aquele que incentiva a gente as coisas, ah se você quer fazer é entrar na faculdade então, você estuda mesmo né, ensina e explica bem e tira as suas dúvidas. E o professor ruim é aquele que você fala com ele que está com dúvida e ele te ensina lá mais ou menos e passa umas coisas no quadro e ninguém entende nada e fala com ele que não entendeu e ele continua e ele não está nem ai. É eu acho que esse é o professor ruim (Lélia, jovem aluna da EJA).

O mau professor é aquele que chega na sala geralmente está com aquelas folhas todas e como sempre faz no colégio se você reparar bem achando que é uma matéria mesmo é uma folha xérox. No ano passado estudei aqui também e tenho mais de três apostilhas só de folhas bastante folhas e isso para mim é um mau professor que chega lá e taca folha e faz isso e a gente chama para explicar ai não vem só chega lá e bate um papo. **Agora o bom professor para mim é aquele que chega na sala e conversa com a gente, né fica num bom ambiente e faz um bom ambiente e não sai xingando, sem tacar folha, taca folha sim, mas algumas vezes, explica direito, faz as coisas direito e isso para mim é um bom professor, que faz tornar ali a sala um bom ambiente.**

> **Agora se ele chega e já começa a criticar a capacidade dos alunos, para mim já é um mau professor** (Milton, jovem aluno da EJA, grifos nossos).

Tendo em vista os depoimentos podemos verificar que os jovens consideram que a relação educativa estabelecida entre o/a professor/a e o/a aluno/a desempenha um papel importante, sendo capaz, até mesmo, de interferir no ambiente da sala de aula, na elaboração dos projetos de vida e no processo de aprendizagem do alunado. Percebe-se ainda que, ao analisar a relação educativa entre professor/a e aluno/a, Solano, Lélia e Milton o fazem destacando aspectos de competência técnica e características que dizem respeito à personalidade, subjetividade e atitudes de determinado professor/a. A esse respeito, Inês Teixeira nos diz.

> A aula é sempre uma interação enredada em conteúdos, rituais, estratégias e práticas didático-pedagógicas que vão desenhando as interações, possibilidades e efetividade do exercício da docência. As atividades dos professores que nelas ocorrem, isto é, o trabalho docente, não tem sentido fora da relação docente/discente tecida nas aulas e salas de aula (TEIXEIRA, 2007, p. 436).

Entretanto, pude também verificar que, às vezes, a falta de limite por parte de alguns jovens em sala da aula é recorrente. Não foram poucos momentos que presenciei alguns professores/as tendo de interromper as suas aulas para chamar atenção quase sempre dos/das mesmos/as jovens alunos/as por atitudes indisciplinadas. Vários foram os momentos em que alguns/mas professores/as utilizaram praticamente todo o horário de aula para conversar com os/as jovens alunos/as devido à falta de respeito para com eles/as e com demais alunos/as, não tendo êxito na maioria das tentativas. Situações que acabam por provocar desilusões, desesperança e mal-estar. Como aponta a jovem Carolina

> Os professores tendem ao máximo assim entender o lado do aluno, brincar e descontrair e tudo e tem hora são os alunos que pegam um pouco pesado com os professores, acho que os professores tentam entrar no joguinho deles, mas até onde eles podem né, porque tem hora que os meninos pegam muito pesado. Então acho que eles tentam, ter uma relação não só de professor também como amigo porque deles brincarem e entrar na deles acho que eles estão entendendo um lado também um pouco. Acho que com as pessoas mais velhas os professores têm uma conversa mais séria pergunta mais e com os outros meninos mais é brincar então eles entram na onda dos meninos e ao mesmo tempo dá atenção para aqueles que também são mais sérios brinca e conversa com as pessoas mais velhas (Carolina, jovem aluna da EJA).

Percebemos que esses/as professores/as que se aproximam mais dos/as jovens e adultos alunos/as de maneira profissional conseguem geralmente dialogar e servem de referência para o alunado juvenil. Maria Amélia Giovanetti (2003) nos chama a atenção para a dimensão relacional presente na educação de jovens e adultos, o que nos leva a refletir que a EJA deve ser compreendida não somente como uma relação de ensino e aprendizagem de conteúdos mas, também, como relação humana que se dá entre sujeitos com diferentes identidades, histórias e trajetórias em um contexto escolar específico. Essa vivência do espaço escolar está profundamente articulada com as experiências e processos sociais e educativos vividos por professores/as e alunos/as da EJA fora da escola.

Os jovens desejam professores capazes de desempenhar minimamente o seu "ofício de mestre". Eles não almejam professor bonzinho que passa a mão na cabeça. Acreditam que o docente que consegue estabelecer uma relação educativa respeitosa e dialógica pode ser considerado um bom professor.

> O professor chama atenção, mas às vezes passa muito a mão na cabeça de alguns alunos sem conversar com os pais deles. Não sei se algum professor já conversou com os pais dos alunos aqui, pelo comportamento, é eu nunca vi professor procurar entender os problemas dos alunos não (Lélia, jovem aluna da EJA).

> Acho que professor é professor, professor já indica o nome é para ensinar né, fiquei assim muito assustado e tenso o professor veio com a bandeira e o chapéu do cruzeiro que isso gente, dá aula, e ficou com a bandeira nas costas, não concordo com isso não! Acho que deveria ser mais sério sabe. Eu acho que falta mais disciplina não tem respeito e nunca vai ter, **nunca vai existir se o professor se igualar ao aluno se professor se tornar um aluno cadê o professor?** (Solano, jovem aluno da EJA, grifos nossos).

Os depoimentos nos mostram que a relação educativa entre o/a professor/a e o/a jovem surge como uma das características marcantes no processo de construção de significados e sentidos atribuídos pelos/as jovens negros/as à modalidade de ensino da EJA. Não obstante, Solano adverte que em determinados momentos o próprio professor/a contribui para situações de indisciplina na sala de aula. Com isso, estabelecer uma relação dialógica junto ao alunado juvenil não significa perder de vista a dimensão disciplinar exercida pelo profissional docente, uma vez que os próprios estudantes irão nos cobrar esse lugar.

Entendemos que o rejuvenescimento da EJA põe em evidência desafios novos, sobretudo para os/as professores/as que atuam nessa modalidade de ensino, no que se refere ao entendimento acerca de "juventudes" e as diferentes dimensões que perpassam a vivência dessa situação, a saber a sociocultural, a socioeconômica, de gênero, identitária, étnico-racial, as relações intergeracionais, orientações sexuais, a inclusão de pessoas jovens deficientes, entre outros. Inês Teixeira (2001) adverte que ser professor é estar sempre se fazendo, num permanente constituir-se, sendo que as relações que emergem na sala de aula partem do conflito e da tensão, visto que professores e alunos estão em distintos lugares e posições de poder, quando não distanciados por suas faixas de idade, por diferenças de origem e localização social, pertencimentos étnicos, diversidade de linguagens.

JUVENTUDE NEGRA E EJA: UM CAMINHO A PERCORRER

Nos dias atuais já se tornou quase consensual destacar as seguintes características do público que busca ingressar na EJA: a busca pela aceleração de idade/série, a obtenção de certificação e a possibilidade de inserção no mercado formal de trabalho. Tais características, conforme pudemos verificar no desenvolvimento desta pesquisa, impregnam também os discursos e o imaginário dos jovens e adultos alunos/as da escola pesquisada. E de forma mais específica, os/as jovens negros/as atribuem esses mesmos significados e sentidos "visíveis" aos processos de escolarização da EJA.

Não obstante, tentamos evidenciar no decorrer dessa pesquisa outros significados e sentidos conferidos aos processos de escolarização pelos/as jovens negros/as que ultrapassam os "visíveis" e que, de forma geral, encontram-se ainda "invisíveis" como práticas educativas na modalidade de ensino da EJA. No entanto, tais significados fazem-se presentes quando tematizamos "juventude, EJA e as relações raciais" e na vida dos/as jovens: o fenômeno de rejuvenescimento da EJA, as percepções identitárias étnico-raciais juvenis, as implicações de se viver a situação juvenil negra na sociedade brasileira, o tempo e o espaço de "formação humana" e a vivência das relações educativas instituídas no cotidiano da sala de aula, dentre outros.

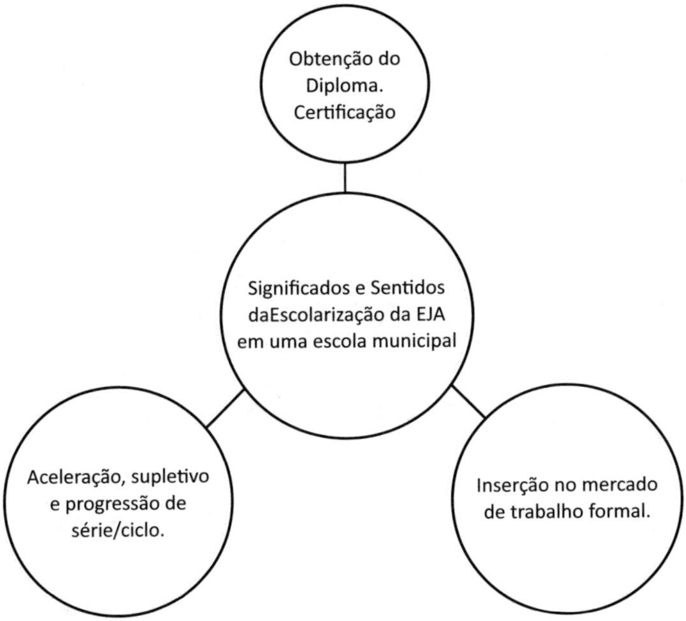

Figura 2: Os significados e sentidos "visíveis" nos processos de escolarização da EJA

Ao analisarmos a juventude sob a perspectiva da diversidade houve a tentativa de dar visibilidade a dimensões presentes no campo da Educação de Jovens e Adultos que se encontram, de certa forma, ainda no plano do "invisível". Questionando ainda mais, poderíamos dizer que algumas delas são invisibilizadas no (e pelo) cotidiano da escola. A questão étnico-racial é uma delas.

Vejamos alguns dos significados e sentidos a princípio "invisíveis", embora presentes nos processos de escolarização da EJA e na vivência da situação juvenil negra.

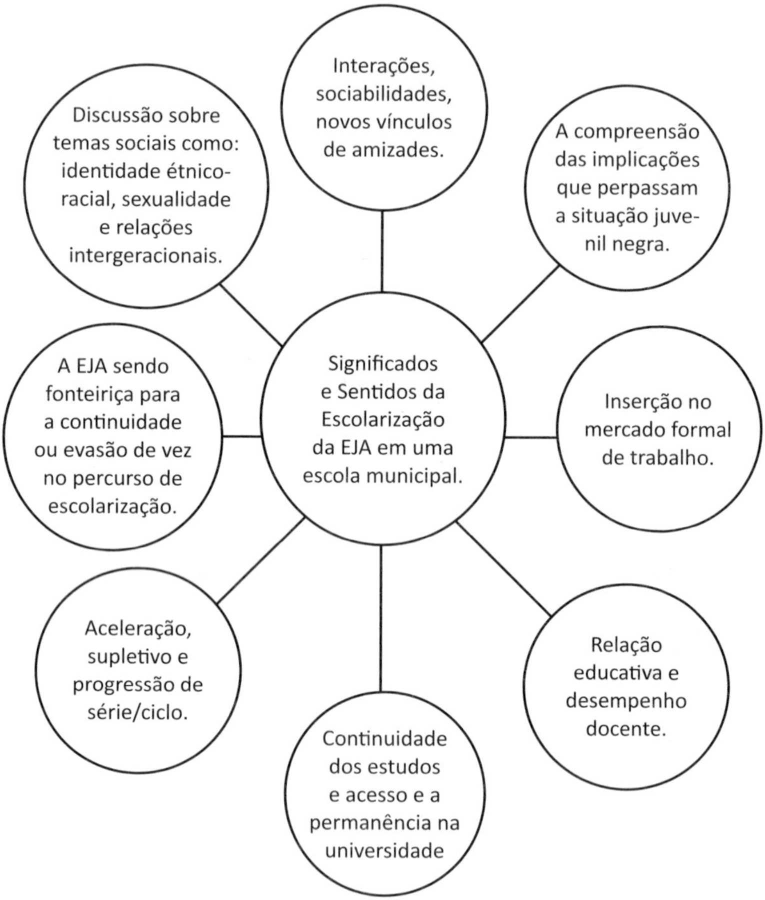

Figura 3: Os significados e sentidos "invisíveis", embora presentes nos processos de escolarização da EJA

Os/as jovens negros/as envolvidos/as compreendem que a modalidade de ensino da EJA ocorre de forma mais ampla, indo além do cotidiano da sala de aula. Nesse cotidiano realizam-se as interações sociais, a constituição de processos identitários, as expressões da diversidade sexual, a inclusão de pessoas deficientes, as questões de gênero e raciais. Enfim, a EJA é composta "por uma multiplicidade de sentidos, que por sua vez fazem parte de um universo cultural que deve ser estudado pelo pesquisador" (ANDRÉ, 1992, p. 30).

De acordo com os/as jovens negros/as, a escola ainda não se preocupa de forma efetiva com os atuais problemas que eles/as enfrentam no seu dia a dia. A discussão de temas sociais que permeiam a experiência de viver a situação juvenil negra poderia ser um aspecto importante do projeto pedagógico da EJA, uma vez que, conforme a avaliação dos/as jovens entrevistados/as, a escola ocupa um papel importante em suas vidas. Na seleção curricular da escola em questão, durante a observação de campo foi possível perceber o esforço por parte de alguns docentes para articularem os conhecimentos escolares com experiências extraescolares como visitas a museus e passeios por centros históricos, dentre outros. Entretanto, tal esforço encontra-se de certa forma ainda limitado diante de algumas temáticas sociais vividas pelos jovens e adultos na sociedade contemporânea, conforme foi apontado no decorrer desta pesquisa.

Tomaz Tadeu da Silva (2007) lembra-nos que o currículo é sempre o resultado de uma seleção: de um universo mais amplo de conhecimentos e saberes seleciona-se aquela parte que vai constituir, precisamente, o currículo. Assim sendo, cabe questionarmos se, ao viver o processo de escolarização e rejuvenescimento da EJA, temos levado em consideração de fato as especificidades que tangenciam as situações juvenis tais como o gênero, a raça e a orientação sexual.

Acreditamos, com isso, que o enfoque acerca das percepções identitárias étnico-raciais dos/as jovens negros/as presentes na EJA justifica-se, uma vez que, segundo as pesquisas, tais jovens constituem o público ainda alijado das políticas públicas, socioeconômicas e educacionais. Além disso, a própria discussão sobre a diversidade étnico-racial ainda não se constituiu como uma temática dos processos escolares da EJA, mesmo em tempos da Lei 10.639/03 e suas diretrizes curriculares nacionais.

O número significativo de jovens e adultos negros (pretos e pardos) da EJA, na sua maioria em situação de pobreza, o imperativo legal acima referido e as percepções sobre a pertença étnico-racial dos mesmos apresentadas no capítulo anterior reforçam ainda mais a necessidade de investigações que articulem EJA e diversidade étnico-racial. É fato que a condição de classe social e de gênero constrói aproximações de trajetórias e vivências juvenis daqueles que se encontram na EJA. No entanto, ao analisarmos os significados e sentidos de "ser jovem negro" inserido nessa modalidade de ensino, percebemos que a situação racial acompanha a trajetória destes e os diferencia na forma de se verem e serem vistos pelo outro, tanto na trajetória escolar quanto nos processos identitários. Não se trata de separar as múltiplas dimensões que caracterizam esses jovens como sujeitos sociais, mas de compreender a especificidade da raça nas suas vidas e indagar como a escola e, mais precisamente a EJA como um espaço formador, poderia contribuir de maneira mais afirmativa nesse processo.

Nesse sentido, estamos de acordo que a escola pode desempenhar um importante papel na construção de uma nova cultura, de novas relações que vão além do respeito às diferenças. Possibilitando que todas as vozes venham a ecoar no espaço escolar, chegar-se-á à consciência de que é na diversidade que se constrói algo novo (SANTOS, 2001).

Esse é um dos aspectos ressaltados na convivência com o cotidiano escolar da EJA, da observação e conversa com os/as jovens negros/as. Não se trata de um apelo romântico. Construir algo novo no contexto da diversidade implica conflitos. Implica mudança de postura, de mentalidades e de relações. Implica, também, mudança nas relações de poder na própria escola e sua organização escolar. Tudo isso nos leva a indagar a própria EJA e os seus processos de escolarização. Leva-nos a indagar, ainda, até que ponto a EJA lida com a juventude, que atualmente está cada vez mais presente no seu interior e carrega consigo várias expressões da diversidade.

Esse contexto demanda ações concretas, políticas e pedagógicas. Para tal, é preciso saber escutar, perceber e compreender os sujeitos. Não de uma forma romântica e idealizada, mas para compreender o sujeito real da EJA e sua vivência cotidiana nesse espaço-tempo, e, a partir disso, tomar decisões, construir propostas concretas e problematizar ainda mais a desigualdade sócio-racial e de gênero que se acirra em nossa sociedade e se expressa na EJA. São mais alguns desafios colocados para o campo teórico e prático da EJA, da juventude e das relações raciais.

CONSIDERAÇÕES FINAIS

> Ela está no horizonte, me aproximo dois passos, ela se afasta dois passos. Caminho dez passos e o horizonte se afasta dez passos. Por mais que eu caminhe, jamais a alcançarei. Para que serve a utopia?
> Serve para isso: para caminhar.
>
> *Eduardo Galleano*

Recordo-me, neste momento, da receptividade calorosa que tive por parte dos/as jovens, adultos e professores/as durante o período em que me encontrava em campo de pesquisa. Às vezes, entre uma anotação e outra no meu diário de campo, era confundido com um jovem aluno por docentes e discentes na sala de aula. Nessa circunstância os tempos de formação escolar foram entrecruzados com as diferentes temporalidades de vida presentes no cotidiano escolar.

Por outro lado, a aproximação do alunado da EJA foi difícil, pois senti que era visto por alguns jovens como o "delator", o "olheiro" adulto que anotava todos os acontecimentos para, em seguida, encaminhar à direção da escola. Já os adultos recorrentemente denunciavam a "perturbação" juvenil, muitas vezes associada ao desinteresse com a escolarização, as brincadeiras durante as aulas e as atitudes, consideradas por eles, desrespeitosas. E para alguns/mas professores/as a minha presença era percebida como o fiscal do trabalho docente.

Verificamos que existem várias concepções políticas e socioculturais em torno da EJA ao longo da história, não havendo, ainda hoje, um consenso sobre a institucionalização ou não dessa modalidade de ensino. Percebemos, ainda, que a discussão sobre a institucionalização da EJA aponta, sobretudo, para a existência de duas correntes de pensamento, referidas neste trabalho: a primeira defende a escolarização da EJA como forma de garantia de recursos financeiros públicos em decorrência do *status* de modalidade de ensino; a segunda não desconsidera a importância de captação de recursos, entretanto chama atenção para a perda da dinamicidade educativa antes vista na EJA, isto é, quando a EJA se escolariza são escolarizados também os processos de ensino-aprendizagem. Algo que foi constatado de forma geral na escola pesquisada.

Acreditamos que questões complexas como essas merecem ser mais debatidas. Torna-se consensual, a nosso ver, e também para ambas as correntes de pensamento, o entendimento da EJA como um campo de "direitos" ou, indo além, um campo do direito à diversidade.

A partir do reconhecimento do rejuvenescimento da EJA buscou-se refletir sobre o perfil do/a jovem aluno/a que se encontra hoje na escola pesquisada. Os dados obtidos nos revelam um jovem que está em busca do primeiro emprego, que participa de forma bastante tímida em grupos culturais, que em sua maioria pertence ao segmento étnico-racial negro (preto e pardo) e que possui percepções diferenciadas e ambíguas desse lugar de pertencimento.

A opção por analisar a juventude sob a perspectiva da diversidade étnico-racial constituiu o desafio desta pesquisa devido, principalmente, aos pouquíssimos estudos realizados nessa direção. A pesquisa nos mostra que o entendimento de "ser jovem" não se restringe apenas à idade cronológica e à transição bio-psicológica do indivíduo. "Ser jovem" é uma construção social, cultural e histórica, ou seja, ao longo da história da humanidade cada sociedade lida com a categoria juventude de forma diferenciada. Estamos diante de "juventudes" perpassadas pela diversidade, e não de um jovem genérico. No entanto, nem sempre quando os estudos da juventude ponderam sobre essa diversidade a questão étnico-racial é contemplada de forma mais aprofundada. Ainda nos falta muito para compreender as peculiaridades de "ser jovem" negro na EJA.

Ultrapassando a afirmação genérica de que ao discutirmos "juventudes" abarcamos todas as diversas formas por meio das quais os jovens concretos se realizam, adotamos também, ao longo deste trabalho, o conceito de "situação juvenil", uma vez que consideramos que tal conceito consegue nos aproximar um pouco mais da reflexão acerca das diferentes trajetórias dos/as jovens negros/as, sobretudo a maneira específica de "ser jovem" negro/a no interior de nossa sociedade. Situação essa vivida, portanto, pelos sujeitos envolvidos/as nesta pesquisa cotidianamente de forma diferente.

A esse respeito, percebi a tensão e as ambiguidades que esses/as jovens enfrentam na relação entre a classificação de raça/cor e o processo de construção da sua identidade étnico-racial, o que me levou a refletir sobre a "percepção" dessa identidade. Além disso, os/as jovens apontaram algumas dimensões sociais capazes de interferir no processo de "percepção" da identidade negra: a família, com destaque para o lugar ocupado pela mãe, a escola, as experiências nos grupos de amizade, o acesso a grupos e outras organizações sociais e a mídia, dentre outras.

A pesquisa revelou que para que, os estudos sobre a EJA e a juventude avancem ainda mais, há que se investigar também as múltiplas dimensões que permeiam a vida dos sujeitos, além do lugar de aluno: a questão socioeconômica, o rejuvenescimento da EJA, as relações intergeracionais, a inclusão de pessoas com necessidades especiais e a orientação sexual, dentre outras. Em suma, o campo da EJA e os estudos sobre a juventude estão desafiados a dialogar com a diversidade.

Já se tornou um lugar comum afirmar que o público que busca a EJA tem como objetivo a aceleração de idade/série, a obtenção de certificação e a expectativa de inserção no mercado formal de trabalho. Consideramos que esses significados e sentidos "visíveis" atribuídos à escolarização da EJA aparecem também nos discursos dos sujeitos envolvidos/as na pesquisa. Entretanto, encontramos também outros significados e sentidos que se encontram ainda "invisíveis" nas práticas educativas dessa modalidade de ensino. Tais significados estão presentes na vida desses sujeitos e se referem às relações educativas entre docentes e discentes, às implicações de "ser jovem" negro/a na sociedade brasileira e ao sentimento de se encontrar "fora do lugar" na EJA, na sociedade e na escola. Tal situação pode ser considerada comum quando refletimos sobre os jovens pobres que participam de processos de escolarização da EJA, mas, no caso dos negros/as, é acrescida da vivência e da percepção, por vezes ambígua, da sua condição racial.

Ficou bastante evidente, através dos relatos obtidos na pesquisa, que os/as jovens recorrentemente realizam uma comparação entre o ensino regular e o ofertado na EJA, sendo que este último muitas vezes é alvo de críticas, visto apenas como uma alternativa paliativa e considerado um ensino "fraco". Podemos inferir que tais posicionamentos são, de certa forma, frutos de uma determinada incompreensão da proposta pedagógica da EJA e da dificuldade da própria EJA de alterar sua proposta em detrimento do público diverso que a ela recorre nos dias atuais. Nesse processo, alguns jovens sentem-se pouco identificados em se escolarizarem juntamente com o alunado adulto, o que os leva a desvalorizar a própria experiência educativa por eles vivenciada na EJA, sentindo-se "fora do lugar".

Acreditamos que os "jovens e os adultos" são vistos quase como idênticos, postura essa que acaba por negligenciar as múltiplas dimensões étnico-raciais, geracionais, de gênero e de orientação sexual, entre outras. Consideramos que uma possível forma de superação das tensões e conflitos seria explorar a potencialidade compreendida entre esses diferentes ciclos de vida, ou seja, a mediação docente em torno do estímulo à troca de experiências e saberes entre os jovens e os adultos.

Por fim, a discussão sobre a juventude negra justifica-se quando lançamos o nosso olhar sobre as diferentes trajetórias de jovens brancos e negros no interior de nossa sociedade. Conforme é sabido, essas diferenças são de ordem histórica, social, econômica, educacional, cultural e política. Além disso, os/as jovens negros/as nos relatam que cotidianamente se deparam com situações "limite" que dizem respeito à especificidade da vivência de ser jovem negro/a: os preconceitos sociais e raciais, a "discriminação por endereço", o percurso escolar acidentado e a constante exposição à violência dos grandes centros urbanos.

Consideramos que refletir sobre as diferenças de gênero, étnico-racial, orientação sexual, socioeconômica e intergeracional faz parte do fazer docente contemporâneo. Deste modo, trazer para a cena a juventude negra é garantir, de certa forma, a visibilidade das especificidades do público que teve uma "inclusão subalterna" ao longo do processo de escolarização em nosso país.

Percebemos que, a partir da aproximação mais sistemática do universo juvenil, os olhares desconfiados dos jovens que se direcionavam para mim, o estranho pesquisador adulto que adentrava o espaço de sala de aula, começaram a ser mais receptivos. Neste instante confidências, segredos, sonhos e expectativas de futuro foram compartilhados. Afinal, para eles e para elas o importante é a "relação"!

A realização desta pesquisa contribuiu particularmente para minha aproximação e escuta do público juvenil de forma geral e, em específico, dos/as jovens negros/as. É interessante ressaltar que, mesmo diante das adversidades enfrentadas no cotidiano escolar e na vida, sobretudo dos/as jovens pobres negros/as, a esperança da construção de um futuro melhor está presente nos relatos desses sujeitos.

Dessa forma, os tempos de formação escolar vão acontecendo juntamente com o tempo de formação humana, e as expectativas de escolarização dos/as jovens negros/as perpassam os projetos de vida de maneira bastante específica. Alguns deles/as almejam viver tudo e agora. Assim sendo, a escolaridade faz-se necessária para atender a uma determinada demanda social a curto prazo. Já outros/as têm na escolaridade a realização de um sonho futuro a longo prazo e para outros/as, ainda, a escolaridade é quase a única forma de ascender socialmente diante das poucas oportunidades derivadas das condições socioeconômicas adversas.

Ao realizar esta pesquisa novas questões me foram colocadas, as quais, devido ao objetivo desta dissertação, não foram abordadas em profundidade: o uso de instrumentos tecnológicos como internet e orkut e a sua interferência na sociabilidade juvenil; os sentidos atribuídos à escolarização da EJA pelos jovens deficientes; a análise da figura materna como um dos elementos culturais africanos recriados no Brasil e presentes, sobretudo, nos setores populares e negros; e a inserção da juventude negra em diferentes espaços de socialização.

Ao finalizar o trabalho estamos certos de que o tema encontra-se em aberto. Esperamos que as questões apontadas possam contribuir, de alguma forma, para os campos de estudos da EJA, da Juventude e das Relações Raciais. Alguns destes vários caminhos serão aprofundados por nós em pesquisas futuras.

REFERÊNCIAS

ABRAMO, Helena Wendel. Condição juvenil no Brasil contemporâneo. In: ABRAMO, Helena Wendel; BRANCO, Pedro Paulo (Org.). *Retratos da juventude brasileira*: análises de uma pesquisa nacional. São Paulo: Ed. Fundação Perseu Abramo, 2005. p. 37-72.

ABRAMOWICZ, Anete; GOISSIS, Vilma A. O jovem aluno e suas falas: ecos da escola noturna em tempos de novas propostas educacionais. Disponível em: <http://www.educaçãoon-line.com.br>. Acesso em: 28/04/2007.

ANDRADE, Eliane Ribeiro. Os jovens da EJA e a EJA dos jovens. In: OLIVEIRA, Inês Barbosa de; PAIVA, Jane (Org.). *Educação de jovens e adultos.* Rio de Janeiro: DP&A, 2004. p. 43-54.

ANDRÉ, Marli Eliza Dalmazo. Cotidiano Escolar e Práticas Sócio-Pedagógicas. *Em Aberto*, Brasília, ano 11, n. 53, p. 29-38, jan./mar. 1992.

ANDRÉ, Marli Eliza Dalmazo. Avanços no conhecimento etnográfico da escola. In: FAZENDA, Ivani Catarina Arantes (Org.). *A pesquisa em educação e as transformações do conhecimento*. São Paulo: Papirus, 1995. p. 99-110. (Coleção Práxis)

ARBACHE, Ana Paula Bastos. Alfabetismo de pessoas jovens e adultas: contribuições da perspectiva multicultural crítica. *Revista Univille,* Rio de Janeiro, v. 3, n. 2, p. 83-91, set. 1999.

ARIÈS, Philippe. *História social da criança e da família*. 2 ed. Tradução Dora Flaskman. Rio de Janeiro: LTC, 2006.

ARROYO, Miguel Gonzáles. *Imagens Quebradas*: trajetórias e tempos de alunos e mestres. Petrópolis: Vozes, 2004.

ARROYO, Miguel Gonzáles. Educação de jovens e adultos: um campo de direitos e de responsabilidade pública. In: SOARES, Leôncio; GIOVANETTI, Maria Amélia; GOMES, Nilma Lino (Org.). *Diálogos na Educação de Jovens e Adultos*. Belo Horizonte: Autêntica, 2005. p. 19-50.

ASSOCIAÇÃO NACIONAL DE PÓS-GRADUAÇÃO E PESQUISA EM EDUCAÇÃO, 2003, Poços de Caldas. GIOVANETTI, Maria Amélia G. de Castro. *A Relação Educativa na Educação de Jovens e Adultos*: suas repercussões no enfrentamento das ressonâncias da condição de exclusão social. Poços da Caldas, MG: Anped, 2003. CD-ROM.

BAEZA, Jorge; COSTA, Ausenda. *Conhecer o Aluno*: condição necessária para uma reforma educativa de qualidade. Disponível em: <http://www.revistaiberoamericanadeeducación.org>. Acesso em: 13/05/2008.

BARBETTA, Pedro Alberto. *Estatística aplicada às Ciências Sociais*. 7 ed. Florianópolis: Editora UFSC, 2007.

BARBOSA, Daniele de Souza. *Tamo junto e misturado!*: um estudo sobre a sociabilidade de jovens alunos em uma escola pública. 2007. 185 f. Dissertação (Mestrado em Educação) – Faculdade de Educação, Universidade Federal de Minas Gerais, Belo Horizonte, 2007.

BEISIEGEL, Celso de Rui. *Estado e educação popular*. São Paulo: Pioneira, 1974.

BOURDIEU, Pierre. A "juventude" é apenas uma palavra. In: BOURDIEU, Pierre. *Questões de Sociologia*. Rio de Janeiro: Marco Zero, 1983. p. 112-121. (Coleção Trilhas)

BOURDIEU, Pierre. Compreender. In: BOURDIEU, Pierre (Org.). *A miséria do mundo*. Petrópolis: Vozes, 1997. p. 693-732.

BRASIL. *Constituição da República Federativa do Brasil, 1988*. São Paulo: Ed. Revista dos Tribunais, 1997.

BRENNER, Ana Karina; DAYRELL, Juarez; CARRANO, Paulo. Culturas do lazer e do tempo livre dos jovens brasileiros. In: ABRAMO, Helena Wendel; BRANCO, Pedro Paulo (Org.). *Retratos da juventude brasileira*: análises de uma pesquisa nacional. São Paulo: Ed. Fundação Perseu Abramo, 2005. p. 175-214.

BRUNEL, Carmem. *Jovens cada vez mais jovens na educação de jovens e adultos*. Porto Alegre: Mediação, 2004.

CARLI, Solange Auxiliadora Souza. *Políticas Públicas para a Educação de Jovens e Adultos no sistema de ensino de Belo Horizonte no período de 1990/2000*: ordenamentos legais e efetivação institucional. 2004. 241 f. Dissertação (Mestrado em Educação) – Faculdade de Educação, Pontifícia Universidade Católica de Minas Gerais, Belo Horizonte, 2004.

CARNEIRO, Moaci Alves. *LDB fácil*: leitura crítico-compreensiva artigo a artigo. 5 ed. Petrópolis: Vozes, 1998.

CARRANO, Paulo César. Juventudes: as identidades são múltiplas. *Movimento,* Niterói, p. 11-27, maio 2000.

CARRANO, Paulo César. Educação de Jovens e Adultos e Juventude: o desafio de compreender os sentidos da presença dos jovens na escola da "segunda chance". *Revista de Educação de Jovens e Adultos*, Belo Horizonte, v. 1, n. 0, p. 55-67, ago. 2007. Disponível em: <http://www.reveja.com.br>. Acesso em: 8/05/2008.

CASTRO, Elza Vidal de. Movimentos educacionais em Minas precursores da Escola Plural. In: DALBEN, Ângela Imaculada de Freitas (Org.). *Singular ou plural?* eis a escola em questão. Belo Horizonte: GAME/FaE/UFMG, 2000.

CAVALLEIRO, Eliane dos Santos. *Do silêncio do lar ao silêncio escolar.* São Paulo: Summus, 2000.

CECCHETTO, Fátima; MONTEIRO, Simone. Discriminação, cor e intervenção social entre jovens na cidade do Rio de Janeiro: a perspectiva masculina. *Revista Estudos Feministas*. São Paulo, v. 14, n. 1, p. 199-218. 2006.

CHARLOT, Bernard. *Da relação com o saber*: elementos para uma teoria. Porto Alegre: Artes Médicas, 2000.

CORTI, Ana Paula; SOUZA, Raquel. *Diálogos com o mundo juvenil*: subsídios para educadores. São Paulo: Ação Educativa, 2004.

COSTA, Marilane Alves. Pequena burguesia negra cuiabana: um estudo sobre a formação de sua consciência política. In: MORGADO, Maria Aparecida; MOTTA, Manoel Francisco (Org.). *Juventude de classe média e educação*: cenários, cenas e sinais. Brasília: Líber Editora, 2006. p. 181-206.

CURY, Carlos Roberto Jamil. *Diretrizes Curriculares Nacionais para Educação de Jovens e Adultos.* Distrito Federal: Conselho Nacional de Educação, 2000. 27 f. Mimeografado.

Dados da Pesquisa o Perfil da Juventude brasileira. ABRAMO, Helena Wendel; BRANCO, Pedro Paulo (Org.). *Retratos da juventude brasileira*: análises de uma pesquisa nacional. São Paulo: Ed. Fundação Perseu Abramo, 2005. p. 369-446.

D'ADESKY, Jacques. *Pluralismo étnico e multi-culturalismo*: racismos e anti-racismos no Brasil. Rio de Janeiro: Pallas, 2001.

DAYRELL, Juarez Tarcísio. A juventude e a Educação de Jovens e Adultos: reflexões iniciais novos sujeitos. In: SOARES, Leôncio; GIOVANETTI, Maria Amélia; GOMES, Nilma Lino (Org.). *Diálogos na Educação de Jovens e Adultos.* Belo Horizonte: Autêntica, 2005a. p. 53-67.

DAYRELL, Juarez Tarcísio. *O jovem como sujeito social.* Belo Horizonte. Disponível em: <http://www.fae.ufmg.br/objuventude>. Acesso em: 11/03/2005b.

DÁVILA LEÓN, Oscar. Adolescencia y juventud: de las nociones a los abordajes. *Última Década.* CIDPA, Valparaíso, n. 21, p. 83-104. 2004.

DEBERT, Guita Grin. A antropologia e o estudo dos grupos e das categorias de idade. In: BARROS, Myriam Moraes Lins de (Org.). *Velhice ou terceira idade?* Estudos antropológicos sobre idade, memória e política. Rio de Janeiro: Editora Fundação Getúlio Vargas, 1998. p. 49-67.

DIAS, Fernanda Vasconcelos. *A indisciplina na ótica dos jovens*: algunas reflexões sobre as relações sociais no cotidiano escolar. 2008. 100 f. Monografia (Trabalho de conclusão de curso) – Faculdade de Educação, Universidade Federal de Minas Gerais, Belo Horizonte, 2008.

DICK, Hilário. *Gritos silenciados, mas evidentes*: jovens construindo juventude na História. São Paulo: Ed. Loyola, 2003.

DI PIERRO, Maria Clara. Notas sobre a redefinição da identidade e das políticas públicas de educação de jovens e adultos no Brasil. *Revista Educação e Sociedade.* Campinas, v. 26, n. 92, p. 1-20, 2005.

DUBAR, Claude. *A socialização*: construção de identidades sociais e profissionais. São Paulo: Martins Fontes, 2005.

ENCONTRO NACIONAL DE DIDÁTICA E PRÁTICA DE ENSINO, 2008, Porto Alegre. DRESCH, Nelton. *A formação continuada de educadoras para a EJA*. Porto Alegre: XIV ENDIPE, 2008. CD-ROM.

EUGÊNIO, Benedito Gonçalves. *O currículo na Educação de Jovens e Adultos*: entre o formal e o cotidiano numa escola municipal em Belo Horizonte. 2004. 180 f. Dissertação (Mestrado em Educação) – Faculdade de Educação, Pontifícia Universidade Católica de Minas Gerais, Belo Horizonte, 2004.

EZPELETA, Justa; ROCKWELL, Elsie. *Pesquisa Participante*. São Paulo: Cortez, 1989.

FARIA FILHO, Luciano Mendes de. *Dos pardieiros aos palácios*: cultura escolar e urbana em Belo Horizonte na Primeira República. Passo Fundo: UPF, 2000.

FÁVERO, Osmar. (Org.). *Cultura popular e educação popular*: memória dos anos 60. Rio de Janeiro: Edições Graal, 1983.

FAZZI, Rita de Cássia. *O drama racial de crianças brasileiras*: socialização entre pares e preconceito. Belo Horizonte: Autêntica, 2004.

FEIXA, Carles. *Jóvenes, bandas y tribus.* Barcelona: Editorial Ariel, 1999. p. 84-105.

FERRARI, Shirley Costa; AMARAL, Suely. O aluno de EJA: jovem ou adolescente? *Revista da Alfabetização Solidária*. São Paulo. v. 5, n. 5. p. 7-14, 2005.

FERREIRA, Aurélio Buarque de Holanda. *Novo dicionário Aurélio da língua portuguesa.* 3 ed. Curitiba: Positivo, 2004.

FERREIRA, Luiz Olavo Fonseca. *Ações em movimento*: Fórum Mineiro de EJA – da participação às políticas públicas. 2008. 121 f. Dissertação (Mestrado em Educação) – Faculdade de Educação, Universidade Federal de Minas Gerais, Belo Horizonte, 2008.

FIGUEIREDO, Gláucia Maria. Identidade e pertencimento. In: PARK, Margareth Brandini *et al. Palavras-chave em educação não-formal.* Campinas, SP: Editora Setembro, 2007. p. 169-170.

FISCHER, Nilton Bueno. Tempos e saberes: interações possíveis nos ciclos da escola e da vida. In: MOLL, Jaqueline (Org.). *Ciclos na escola, tempos na vida*: criando possibilidades. Porto Alegre: Artmed, 2004. p. 27-39.

FLICK, Uwe. *Uma introdução à pesquisa qualitativa.* Tradução de Sandra Netz. 2. ed. Porto Alegre: Bookman, 2004.

FORACCHI, Marialice Mencarini. *A juventude na sociedade moderna.* São Paulo: Pioneira, 1972.

FRANÇA, Júnia Lessa *et al. Manual para normalização de publicações técnico – científicas.* 7 ed. Belo Horizonte: Editora UFMG, 2004.

FRANCO, Maria Laura. *Análise de conteúdo.* Brasília: Plano Editora, 2003.

FREIRE, Paulo. *Pedagogia do Oprimido.* São Paulo: Paz e Terra, 1970.

FREIRE, Paulo; MACEDO, Donaldo. *Alfabetização*: leitura da palavra leitura do mundo. Tradução de Lólio Lourenço de Oliveira. 4 ed. Rio de Janeiro: Paz e Terra, 1990.

FREIRE, Paulo. *Educação como prática de liberdade.* 30ª ed. Rio de Janeiro: Paz e Terra, 2007.

FREYRE, Gilberto. *Casa grande & senzala*: formação da família brasileira sob o regime da economia patriarcal. 35ª ed. Rio de Janeiro: Record, 1999.

GALVÃO, Ana Maria de Oliveira; DI PIERRO, Maria Clara. *Preconceito contra analfabeto*. São Paulo: Cortez, 2007. (Coleção Preconceitos)

GIDDENS, Anthony. *As conseqüências da modernidade.* São Paulo: Editora UNESP, 1991.

GOFFMAN, Erving. *A representação do eu na vida cotidiana.* Tradução de Maria Célia Santos. Petrópolis: Vozes, 1975.

GOMES, Nilma Lino. *A mulher negra que vi de perto*. Belo Horizonte: Mazza Edições, 1995.

GOMES, Nilma Lino. Educação cidadã, etnia e raça: o trato pedagógico da diversidade. In: CAVALLEIRO, Eliane (Org.). *Racismo e anti-racismo na educação*: repensando nossa escola. São Paulo: Summus, 2001. p. 83-96.

GOMES, Nilma Lino. *Corpo e cabelo como ícones de construção da beleza e da identidade negra nos salões étnicos de Belo Horizonte*. 2002. 453 f. Tese (Doutorado em Antropologia) – Faculdade de Filosofia, Letras e Ciências Humanas, Universidade de São Paulo, São Paulo, 2002.

GROPPO, Luís Antonio. Condição juvenil. In: PARK, Margareth Brandini *et al. Palavras-chave em educação não-formal.* Campinas, SP: Editora Setembro, 2007. p. 91-92.

GUIMARÃES, Antonio Sérgio Alfredo. Como trabalhar com "raça" em sociologia. *Educação e Pesquisa*, São Paulo, v. 29, n. 1, p. 93-107, jan. 2003.

HADDAD, Sérgio *et al. Perfil do atendimento em alfabetização de jovens e adultos no estado de São Paulo.* São Paulo: CEDI, 1993.

HADDAD, Sérgio; DI PIERRO, Maria Clara. Escolarização de jovens e adultos. *Revista Brasileira de Educação*, Rio de Janeiro, n. 14, p. 108-130, maio, 2000.

HADDAD, Sérgio (Coord.) *Educação de jovens e adultos no Brasil* (1986 – 1998). Brasília, DF: MEC/INEP, 2002. (Estado do Conhecimento, 8)

HALL, Stuart. *A identidade cultural na pós-modernidade.* Rio de Janeiro: DP&A, 2002.

HASENBALG, Carlos. *Discriminação e desigualdades raciais no Brasil.* Rio de Janeiro: Edições Graal, 1979.

HASENBALG, Carlos; SILVA, Nelson do Valle. *Cor e estratificação social.* Rio de Janeiro: Contra capa, 1999.

HENRIQUES, Ricardo. *Desigualdade racial no Brasil*: evolução das condições de vida na década de 90. Rio de Janeiro: Ipea, 2001.

INSTITUTO BRASILEIRO DE GEOGRAFIA E ESTATÍSTICA. *Síntese dos Indicadores Sociais 2007.* Disponível em: <http://www.ibge.gov.br>. Acesso em: 27/07/2008.

INSTITUTO DE PESQUISA ECONÔMICA APLICADA. *Educação, Juventude Raça/Cor.* Brasília, v. 4, p. 1-22, out. 2008. Disponível em: <http://www.ipea.gov.br>. Acesso em: 15/04/2009.

LAVILLE, Christian; DIONNE, Jean. *A construção do saber*: manual de metodologia da pesquisa em ciências humanas. Tradução de Heloísa Monteiro. Porto Alegre: Artmed, 1999.

LEÃO, Geraldo M. Pereira. Trabalho e desemprego entre os jovens: desafios para as políticas públicas. *Revista Outro olhar*, Belo Horizonte, v. 9, n. 6, p. 37-41, nov. 2007.

LE BRETON, David. *A sociologia do corpo*. 2 ed. Tradução de Sônia M. Fuhrmann. Rio de Janeiro: Vozes, 2007.

LEONÇO, Valéria Carvalho de. A escola e o mundo adulto: questão de conhecimento. In: MORAES, Salete Campos de. (Org.). *Educação especial na EJA*: contemplando a diversidade. Porto Alegre: Prefeitura Municipal de Porto Alegre/ Secretaria Municipal de Educação, 2007. p. 105-114.

LEVI, Giovanni; SCHMITT, Jean Claude. *História dos Jovens*. 2 v. São Paulo: Companhia das Letras, 1996.

LOURO, Guacira Lopes. A escola e a pluralidade dos tempos e espaços. In: COSTA, Marisa Vorraber (Org.). *Escola básica na virada do século*: cultura, política e currículo. 3 ed. São Paulo: Cortez, 2002. p. 119-129.

MAGNANI, José Guilherme. Os circuitos dos jovens urbanos. *Tempo Social*, São Paulo, v. 17, n. 2, p. 173-205, nov. 2005.

MAIA, Carla Valeria. *Entre gingas e berimbaus*: um estudo de caso sobre culturas juvenis, grupos e escolas. 2004. 265 f. Dissertação (Mestrado em Educação), Faculdade de Educação, Universidade Pontifícia Católica de Minas Gerais, Belo Horizonte, 2004.

MARGULIS, Mario; URRESTI, Marcelo. *La juventud es más que una palabra*. Disponível em: < http://www.colombiajoven.gov.co/injuve/instit/clacso/18>. Acesso em: 16/02/2008.

MARTINS, José de Souza. *Exclusão social e a nova desigualdade*. São Paulo: Paulus, 1997.

MARTINS, José de Souza. O senso comum e a vida cotidiana. *Tempo Social*, São Paulo, p. 1-8, maio, 1998.

MELUCCI, Alberto. Juventude, tempo e movimentos sociais. *Revista Brasileira de Educação*, São Paulo, n. 5 e 6, p. 5-14, set./out./nov./dez. 1997.

MELUCCI, Alberto. *O jogo do eu*: a mudança de si em uma sociedade global. São Leopoldo: Editora Unisinos, 2004.

MOLL, Jaqueline. *Alfabetização possível*: reinventando o ensinar e o aprender. Porto Alegre: Mediação, 1996.

MORENO, Montserrat. *Como se ensina a ser menina*: o sexismo na escola. Tradução de Ana Fuzatto. Campinas: Moderna, 1999. (Educação em pauta: escola e cidadania)

MUNANGA, Kabengele. *Rediscutindo a mestiçagem no Brasil*: identidade nacional versus identidade negra. Petrópolis, RJ: Vozes, 1999.

MUNANGA, Kabengele. *Uma abordagem conceitual das noções de Raça, Racismo, Identidade e Etnia.* 3º Seminário Nacional Relações Raciais e Educação. PENESB: Rio de Janeiro, 2003. Disponível em: <http://www.uff.br/penesb>. Acessado em: 07/05/2007.

NASCIMENTO, Abdias. *O Quilombismo*. Petrópolis: Vozes, 1980.

NOGUEIRA, Paulo Henrique de Queiroz. *Identidade Juvenil e Identidade Discente*: processos de escolarização no terceiro ciclo da escola plural. 2006. 379 f. Tese (Doutorado em Educação) – Faculdade de Educação, Universidade Federal de Minas Gerais, Belo Horizonte, 2006.

NOVAES, Regina. Os jovens de hoje: contextos, diferenças e trajetórias. In: ALMEIDA, Maria Isabel; EUGÊNIO, Fernanda. (Org.). *Culturas jovens*: novos mapas do afeto. Rio de Janeiro: Jorge Zahar, 2006. p. 105-125.

NOVAES, Regina. *Juventude e sociedade*: jogos de espelhos sentimentos, percepções e demandas por direitos e políticas públicas. Disponível em: <http://www.antropologia.com.br/arti/colab/a38-rnovaes.pdf>. Acesso em: 14/06/2008.

OSÓRIO, Rafael Guerreiro. *O sistema classificatório de "cor ou raça" do IBGE*. Brasília: Ipea, 2003. (Texto para discussão, n. 996).

PAIS, José Machado. *Vida cotidiana*: enigmas e revelações. São Paulo: Cortez, 2003.

PARREIRAS, Patrícia Conceição. *Jovens e Adultos em Processo de Escolarização*: especificidades etárias e sócio-culturais. Disponível em: <http://www.anped.org.br>. Acesso em: 25/04/2007.

PASSOS, Joana Célia. Escolarização de jovens negros e negras. *Revista Negro e Educação*: escola, identidades, cultura e políticas públicas, São Paulo: Ação Educativa, ANPED, p. 53-65, 2005.

PERALVA, Angelina. O jovem como modelo cultural. *Revista Brasileira de Educação,* São Paulo, n. 5 e 6, p. 15-24, set./out./nov./dez. 1997.

PEREIRA, Alexandre. *Guia prático de utilização do SPSS*: análise de dados para ciências sociais e psicologia. Lisboa: Sílabo, 2003.

PERRENOUD, Philippe. *Ofício de aluno e sentido do trabalho escolar*. Porto: Porto Editora, 1995. (Coleção Ciências da Educação).

PETRUCCELLI, José Luis. *A cor denominada*: estudos sobre a classificação étnico-racial. Rio de Janeiro: DP&A, 2007. (Coleção Políticas da Cor).

PINTO, Regina Pahim. Raça e educação: uma articulação incipiente. *Cadernos de Pesquisa,* São Paulo, n. 80, p. 41-50, 1992.

ROSEMBERG, Fúlvia. Raça e desigualdade educacional no Brasil. In: AQUINO, J. G. (Org.). *Diferenças e preconceito na escola* – alternativas teóricas e práticas. São Paulo: Summus, 1998.

SABOIA, Ana Lúcia. Situação educacional dos jovens. In: *Jovens acontecendo na trilha das políticas públicas.* 2 v. Brasília: CNPD, 1998.

SACRISTÁN, José Gimeno. *O aluno como invenção*. Porto Alegre: Artmed, 2005.

SANTOS, Gevanilda *et al.* A juventude negra. In: ABRAMO, Helena Wendel; BRANCO, Pedro Paulo (Org.). *Retratos da juventude brasileira*: análises de uma pesquisa nacional. São Paulo: Ed. Fundação Perseu Abramo, 2005. p. 291-302.

SANTOS, Isabel Aparecida dos. A responsabilidade da escola na eliminação do preconceito racial: alguns caminhos. In: CAVALLEIRO, Eliane (Org.). *Racismo e anti-racismo na educação*: repensando nossa escola. São Paulo: Summus, 2001. p. 97-113.

SARTI, Cynthia. O jovem na família: o outro necessário. In: NOVAES, Regina; VANNUCHI, Paulo (Org.). *Juventude e Sociedade*: trabalho, educação, cultura e participação. São Paulo: Ed. Fundação Perseu Abramo, 2004. p. 115-129.

SILVA, Analise de Jesus da. *Jovens estudantes pobres*: significados atribuídos às práticas pedagógicas denominadas inovadoras por seus professores. 2007. 398 f. Tese (Doutorado em Educação) – Faculdade de Educação, Universidade Federal de Minas Gerais, Belo Horizonte, 2007.

SILVA, Maria Clemência de Fátima. *Bolsos cheios de tempo*: uma leitura dos tempos tramados e vividos na educação de jovens e adultos. 2005. 221 f. Dissertação (Mestrado em Educação) – Faculdade de Educação, Universidade Federal de Minas Gerais, Belo Horizonte, 2005.

SILVA, Natalino Neves da. *Afinal, todos são iguais*? EJA, diversidade étnico-racial e a formação continuada de professores. Belo Horizonte: Mazza Edições, 2007.

SILVA, Tomaz Tadeu da. *Documentos de identidade*: uma introdução às teorias do currículo. 2 ed. 10ª reimpressão. Belo Horizonte: Autêntica, 2007.

SOARES, Leôncio José Gomes. As políticas de EJA e as necessidades de aprendizagens dos jovens e adultos. In: RIBEIRO, Vera Masagão (Org.). *Educação de jovens e adultos*: novos leitores, novas leituras. São Paulo: Ação Educativa, 2001. p. 201-224. (Coleção Leituras no Brasil).

SOARES, Luiz Eduardo. Juventude e violência no Brasil contemporâneo. In: NOVAES, Regina; VANNUCHI, Paulo (Org.). *Juventude e Sociedade*: trabalho, educação, cultura e participação. São Paulo: Ed. Fundação Perseu Abramo, 2004. p. 130-159.

SOARES, Rosalina Maria. *Classificação racial e desempenho escolar*. 2006. 155 f. Dissertação (Mestrado em Educação) – Faculdade de Educação, Universidade Federal de Minas Gerais, Belo Horizonte, 2006.

SPÓSITO, Marília Pontes. Educação e juventude. *Educação em Revista,* Belo Horizonte, n. 29, p. 7-13, jun. 1999.

SPÓSITO, Marília Pontes. *Juventude, pesquisa e educação*. Disponível em: <http:// www.anped.org.br>. Acesso em: 25/05/2007.

SUWWAN, Leila. Mapa da violência mostra onde risco de morrer é maior. *Folha de S.Paulo*, São Paulo, 28 fev. 2007. Disponível em: <http://www.folhaonline.com.br>. Acesso em: 28/02/2007.

TEIXEIRA, Inês de Castro. Os professores como sujeitos sócio-culturais. In: DAYRELL, Juarez (Org.). *Múltiplos olhares sobre educação e cultura*. 2 ed. Belo Horizonte: Editora UFMG, 2001. p. 179-194.

TEIXEIRA, Inês de Castro. Da Condição Docente: primeiras aproximações teóricas. *Educação e Sociedade*, Campinas, v. 28, n. 99, p. 426-443, maio/ago. 2007.

TELLES, Edward Eric. *Racismo à brasileira*: uma nova perspectiva sociológica. Tradução de Nadjeda Rodrigues Marques, Camila Olsen. Rio de Janeiro: Relume Dumará/Fundação Ford, 2003.

TERRA, Denise Cordeiro. *Juventude na EJA*. Disponível em: <http:// www.lab-eduimagem.pro.br>. Acesso em: 24/02/2008.

THOMPSON, Paul Richard. *A voz do passado*: história oral. 2 ed. Rio de Janeiro: Paz e Terra, 1992.

TOSTA, Sandra de Fátima Pereira. Sociabilidades contemporâneas: jovens em escolas. In: PEIXOTO, Ana Maria Casasanta; PASSOS, Mauro. (Org.). *A escola e seus atores-educação e profissão docente*. Belo Horizonte: Autêntica, 2005. p. 183-197.

VIANNA, Heraldo. *Pesquisa em educação*: a observação. v. 5. Brasília: Líber Editora, 2007 (Série Pesquisa).

VIEIRA, Maria Clarisse. *Memória, história e experiência*: trajetórias de educadores de jovens e adultos no Brasil. 2006. 373 f. Tese (Doutorado em Educação) – Faculdade de Educação, Universidade Federal de Minas Gerais, Belo Horizonte, 2006.

BIOGRAFIA DE INTELECTUAIS NEGROS/AS

CAROLINA MARIA DE JESUS (1914-1977)

Foi uma escritora brasileira. Ex-catadora de papel, Carolina foi descoberta pelo jornalista Audálio Dantas ao escrever uma matéria sobre a expansão da favela do Canindé. Com pouca escolaridade, favelada, mulher, negra e pobre, Carolina fez de suas obras um meio de denúncia sócio-política. Sua obra mais conhecida, que teve tiragem inicial de dez mil exemplares (esgotados na primeira semana), e traduzida em 13 idiomas, é *Quarto de Despejo*, publicada em 1960.

CLÓVIS STEIGER DE ASSIS MOURA (1925-2003)

Foi um sociólogo, jornalista, historiador e escritor brasileiro. Militou pelo Partido Comunista Brasileiro e, em 1962, na cisão do partido, migrou para o PCdoB. Destacou-se pela militância pioneira no movimento negro brasileiro. Colaborou com artigos para jornais da Bahia e de São Paulo.

LÉLIA GONZALEZ (1935-1994)

Foi uma intelectual, política, professora e antropóloga brasileira. Seus escritos, simultaneamente permeados pelos cenários da ditadura política e da emergência dos movimentos sociais, são reveladores das múltiplas inserções e identificam sua constante preocupação em articular as lutas mais amplas da sociedade com a demanda específica dos negros e, em especial das mulheres negras.

MARIA BEATRIZ NASCIMENTO (1942-1995)

Foi uma intelectual ativista negra contemporânea. Graduou-se em história pela UFRJ. Ao longo de vinte anos tornou-se estudiosa das temáticas do racismo e dos quilombos, abordando ainda a correlação entre corporeidade negra e espaço e as experiências de longos deslocamentos socioespaciais de africanos/as e descendentes, por meio das noções de "transmigração" e "transatlanticidade".

MILTON ALMEIDA DOS SANTOS (1926-2001)

Foi um advogado brasileiro. Apesar de ter se graduado em Direito, Milton destacou-se por seus trabalhos em diversas áreas da Geografia, em especial nos estudos de urbanização do Terceiro Mundo. Foi um dos grandes nomes da renovação da geografia no Brasil ocorrida na década de 1970. Embora pouco conhecido fora do meio acadêmico, Santos alcançou reconhecimento fora do país, tendo recebido, em 1994, o *Prêmio Vautrin Lud*, (conferido por universidades de 50 países).

SOLANO TRINDADE (1908-1974)

Foi um poeta brasileiro, folclorista, pintor, ator, teatrólogo e cineasta. No ano de 1934 idealizou o I Congresso Afro-Brasileiro em Recife, Pernambuco e participou, em 1936, do II Congresso Afro-Brasileiro em Salvador, Bahia. Participou de um grupo de artistas plásticos com "Sakai de Embu" onde integrou na produção artística a cultura negra e tradições afro-descendentes.

Fonte: Disponível em: <http://pt.wikipedia.org/wiki>. Acesso em: 20 de mar. de 2009.